청년노동
가이드북

입직부터 퇴직까지
핵심 18 steps

박한울
이성민

지음

청년 노동

입직부터 퇴직까지
핵심 18 steps

가이드북

"어렵게 취직하더니 쉽게 떠나는 사회초년생"
급변하는 노동시장 속 최우선 해결 과제

기자 출신 노무사와 대기업 사내노무사가 소개하는
2030 인사관리 최신 트렌드로 향하는 나침반!

바른북스

머리말 1

지난 2022년 7월, 첫 저서인 『노동꿀팁』이 발간된 이후 필자는 분에 넘치는 관심과 사랑을 받았다. 그저 자기만족용으로 출간한 책이 완판에 이르고, 알량한 경력에도 불구하고 인터넷 포털사이트에 이름을 치면 나오는 공인노무사가 되면서 자칫 '요란한 빈 수레'가 되어가는 게 아닌가 하는 걱정까지 하고 있다.

그러나 험난한 출판 과정에서 분명히 얻은 것이 있다면, 스스로의 전문성에 대한 끊임없는 물음과 확인 그리고 수정이었다. 인간을 다루는 특성상, 노동법은 변동이 잦아 아무리 전문가라 하더라도 끊임없이 새로운 내용을 업데이트하면서 기존의 지식을 되새김질해야만 그 전문성을 유지하고 발전시킬 수 있기 때문이다.

그 과제를 해결하는 가운데 자연스레 모인 자투리 글은 지식과 지혜가 되고, 자신감과 이를 바탕으로 한 전진하는 힘의 원동력이 되었다. 덕분에, 여기에 운이 더하여 고용노동부 2030 자문단에서 노동정책의 입안에 한 목소리 낼 기회를 얻었고 '노동법률사무소 동감(同感)'의 이름으로 어설프나마 개업 노무사가 될 수 있었음을 돌이켜 본다.

이번 도서는, 보다 구체적으로 '일하는 청년'이라는 집중점을 잡고 그들이 궁금해할 만한 내용을 착실히 담고자 하였다. 이 '일하는 청년'에는 근로자만이 속하는 것이 아니라서, 「근로기준법」의 테두리 밖에 있는 '특수형태근로종사자'나 프리랜서, 그리고 그들을 고용하는 청년 사업가의 이해관계가 모두 얽힌 복잡계의 양상을 띤다.

다만 공인노무사라는 전문성의 특성상, 이 도서는 그중에서도 '근로계약'의 당사자인 사용자와 근로자 측면에 초점을 둘 수밖에 없음에 독자 여러분께 양해를 구한다. 물론 본문의 중간중간에 '근로자 아닌 직원'에 대한 배려를 최대한 지적하고자 하나, 지면의 한계로 인해 제대로 다루지 못함이 못내 아쉬울 따름이다.

더하여, 이번 도서에는 직전의 『노동꿀팁』을 발간한 뒤 얻은 피드백을 반영코자 노력하였다. 전작은 언론사 칼럼을 최소한의 가공을 거쳐 내보낸 날것에 가까웠기에, 전개의 흐름이나 시점의 차이 등이 존재하여 아쉽다는 의견이 많았다. 이번 도서는 최초부터 출판을 염두에 두고, '입직부터 퇴직까지'의 시간적 흐름에 따라 구상하였다.

여기에 공저자를 모셔, 소위 '필드'의 시각으로만 바라보다 보면 생기기 마련인 사각지대를 없애고자 하였다. 이름만 대면 아는 외국계부터 굴지의 대기업 인사팀을 거치며 사내 HRM에 밝은 이성민 노무사의 시각을 함께 붙여, 필자로서는 헤아리기 어려운 실무상 궁금증이나 한계점 등에 대해 다각도로 해설하는 섹션을 추가하였다.

다시 한번 출판의 기회를 주신 '바른북스'에게도 감사의 인사를 드리며, 이 자리에 있기까지 저를 갈고 닦아주신 선·후배 그리고 동료 여러분께 머리를 조아린다. 무엇보다도 사랑하는 가족들의 지지하에 여기까지 왔음을 고백하며, 인사를 마무리한다.

2023년 8월 30일
저자 공인노무사 박한울

머리말 2

    회사에서 '역시 MZ세대야'라는 말은 '자유롭고 개성 있는' 청년의 이미지에서 '자기애가 강하고 이것저것 따지는' 청년의 이미지로 변질된 듯하다. 필자가 수년간 외국계, 대기업 인사팀에 재직하며 관찰한 바에 따르면 회사에서 일방적으로 정한 근로조건을 이의 없이 수용했던 과거 세대와 달리 MZ세대는 혹시나 손해 보는 것은 아닐까 이것저것 따지는 모습이 생소해서가 아닐까 싶다.

    MZ세대로 일컫는 청년 직원들은 실제로 자신의 연봉, 처우에 대해 SNS, 인터넷 검색 등으로 Compliance 준수 여부를 정확히 확인하며 손해 본다고 여기면 회사에 이의를 제기하여 바로잡는다. 그래서 과거에는 회사에 대한 로열티로 인사관리가 가능했지만, 이제는 노동법에 대한 전문성 없이는 청년 직원들을 설득할 수 없어 인사관리가 어려워졌다.

심지어 회사가 전문성을 가지고 Compliance를 준수하며 인사관리를 하여도 회사 규정과 관행은 법적 기준과 차이가 있어 청년 직원들이 아는 사실과 다르면 이따금 회사가 자신을 속이는 것은 아닌지 괜한 의심을 받기도 한다. 그래서 회사마다 노동법 전문성, 커뮤니케이션 스킬에 기반한 인사관리 전문성은 필수가 되고 있다.

이러한 현상은 비단 외국계 기업, 대기업만의 이슈가 아니다. 스타트업, 자영업으로 사업을 시작하는 청년 사장에게도 동일하게 적용된다. 이들에게 중요한 것은 사업의 성장이기에 인사관리는 갈 길 바쁜 청년 사장들의 발목을 붙잡는 요소로 치부되기도 한다. 그래서 청년 사장들이 사업에 집중할 수 있도록 전문화된 인사관리 정보를 접할 기회가 필요하다 여긴다.

필자가 다년간 외국계, 대기업 인사팀의 사내노무사로서 이러한 변화를 실감할 때 즈음, 박한울 대표에게 공저 제의가 왔다. 박한울 대표의 뛰어난 전문성만으로도 청년 사장, 청년 직원들에게 충분한 Insight를 제공할 수 있을 것이나 필자의 경험과 시각이 더해져 조금이나마 청년 사장, 청년 직원들에게 도움이 되길 바란다.

이처럼 유익한 책을 저술하는 데 있어 필자에게 공저를 제안하고 주도적으로 이끌어 준 '노동법률사무소 동감(同感)'의 박한울 대표에게 감사의 인사를 전하며 출판의 기회를 제공해 주신 '바른북스'에도 감사의 인사를 드린다. 또한 필자가 주요 기업의 인사팀에서 근무하기까지 기회를 주신 분들께 감사를 드리며 무엇보다 사랑하는 부모님과 가족, 아내와 아이들, 지칠 때마다 일으켜 준 동역자들에게 감사의 인사를 드린다.

2023년 8월 30일
공저자 공인노무사 이성민

목차

PART 1

입직(入職) 준비

PART 2

재직(在職) 중 꿀팁

PART 3

퇴직(退職)을 앞두고

추천사 : 이동수 청년정치크루 대표 · 칼럼니스트
추천사 : 김유미 공인노무사 · 프라임법학원 강사

입직(入職)
준비

PART 1

인사관리의 필요성

여전히 '사람'이 중요한 이유

    필자는 '4차 산업'이라는 표현을 그다지 좋아하지 않는다. 물론 4차 산업 그 자체는 실재하는 개념이지만, 언론의 포장을 통해 대중이 마침내 인식하게 된 4차 산업이란 '아직 변화하지 않은 부분까지 모두 억지로 포함하는' 일률적인 개념이라고 생각하기 때문이다.

    그래서일까? 필자는 유독 첨단 지식산업에만 과도하게 집착하는 노동정책이나 사내슬로건에 대하여도 다소 비판적인 편이다. 이번 정부에서 야심 차게 추진 중인 '노동개혁'의 큰 골자 중, 기존 1주마다 이루어지는 근로시간 산정의 단위를 최대 1년으로 확대하겠다는 이른바 '근로시간 유연화 정책'이 여론의 강력한 반발에 부딪힌 근본 원인 또한 산업의 특성을 구분하지 않고 일률적으로 적용하려 한 데 있다는 사견을 가지고 있다.

핵심에는, 이론과 달리 실무에서는 '과거의 노동'이 여전히 남아 있다는 현실적인 문제가 있다. 분명 우리 사회의 산업은 지식노동 · 서비스 노동의 방향으로 상당 부분 진전하고 있으며, 그에 따라 6 · 25 전쟁 당시부터 제정된 기존 「근로기준법」 기타 노동관계법령이 신산업을 따라가지 못하는 것은 자명하다. 이들 신산업은 '소수의 핵심 인력'이 자동화에 기반한 생산을 하기에, 인력관리의 방식이 과거 '쌍팔년도'의 과 본질적으로 다를 수밖에 없다.

하지만 동시에 자명한 사실은, 여전히 일반 통상의 제조업은 말할 것도 없고 원시 사회로부터 대대로 이어져 내려온 농 · 축산업 등 1차 산업 또한 같은 시점에 공존한다는 점이다. 여전히 적지 않은 일자리가 해당 산업에서 창출되고 있으며, 특히 이들 산업이 소위 4차 산업 대비 노동집약적이라는 사실은 우리가 여전히 과거의 잔재를 신경 써야 하는지를 반증한다.

그렇기에 프랜차이즈 산업을 위시한 자영업자의 비율이 세계적으로도 최상위권인 우리나라 환경[1]에서, 첨단 산업을 영위하는 대기업의 고용 창출 능력만큼이나 이들이 만들어 내는 일자리에 대한 고민은 끊임

· · · · · · · ·

[1] 통계청 국가통계포털(KOSIS)에 따르면, 2023년 1월 기준 우리나라 취업자 5명 중 한 명(20.1%)은 자영업자로, 그 수는 549만 9,000여 명에 달함. 해당 수치는 주요 7개국(G7) 중 가장 높은 비율임(동아일보, "취업자 5명 중 1명 자영업자인데… 월소득 200만 원 미만", 2023.03.02.자 기사).

없이 이루어져야 한다. 특히나 사회초년생으로, '창업'이든 '취업'이든 노동시장에의 첫발을 내디뎌야 하는 청년에게는 삶의 질을 좌우하는 주요한 문제라는 사실을 잊어서는 안 된다.

　그 어떤 청년이라도 좋은 일자리를 마다하는 사람은 없을 것이다. 하지만 현실적으로 모두가 좋은 일자리를 가질 수는 없다. 정부 차원의 공적 정책이 삼아야 하는 방향은 바로 여기에 있는데, 절대다수의 사업장이 지급능력의 한계로 좋은 근로조건을 보장할 수 없는 상황에서, '근로자인 청년'도 '사장님인 청년'도 서로 윈-윈 할 수 있는 방향을 설정하는 것은 단연코 국가의 책무이기 때문이다.

향상되는 인권 의식, 변화하는 인사관리

　따라서 필자는, '여전히 사람이 중요하다'는 점을 강조한다. 소규모 1인 사업장이 아닌 다음에야 노동시장에서의 고용 활동은 필연적으로 발생할 수밖에 없고, 이것이 AI와 AI 간 계약이 아니라 사람과 사람 사이의 다소 변덕스러운 계약이기에 그만큼 발생할 수 있는 돌발 상황과 악용의 여지가 많다는 점을 항상 신경 써야 하기 때문이다.

　필드에서 노·사 양측의 첨예한 이해관계를 마주하게 되는 공인노무사로서, 최근 들어서 인사관리의 중요성을 많은 이들이 공감하고 있다는 사실은 더는 놀랍지도 않다. 교육수준의 향상과 그로 인한 대중의 의식적 성장은, "네가 참아라."라고만 했던 과거를 등지고 스스로의 노동인권을 찾기 위해 노동청과 노동위원회 그리고 법원을 들락거리게 하는 원동력이 되었기 때문이다.

일례로, 필자가 파견사 소속으로 언론에 처음 발을 들였던 10년 전 최저임금은 시간당 4,800원 남짓이었으며, 그 당시 멀쩡히 적용되고 있던 연차유급휴가제도는 회사의 '암묵적 룰'에 따라 1년에 5일만 사용할 수 있었다. 그럼에도 필자를 포함한 젊은 파견직 직원 중 이에 이의를 제기하는 사람은 없었다. 말 그대로, 몰랐고 관심도 없었고 따질 생각도 없었기 때문이다.

하지만 비슷한 일이 지금 시점에 일어난다면 '참는 게 바보'라는 말을 듣게 될 것이다. 근래에 급격하게 인상된 최저임금 수준 만큼이나, 노동인권을 대하는 대중의 시선과 수준 또한 차원이 다르게 바뀌었다. 당장 인터넷만 검색해도 임금 체불 진정을 전자적으로 혼자 하는 것이 어렵지도 않고, 공공 차원에서 운영하는 무료 상담 노무사들이 지하철 역사에까지 나와 그들의 권리 찾기 움직임을 도와주는 세상이다.

이에 사업장에서도 예전처럼 '깜깜이식 운영'을 하는 경우가 눈에 띄게 줄어들었다는 체감을 하고 있다. 편의점·PC방 등 전통적인 '저임금 사업장'이라도 최저시급에 미달하는 경우는 거의 없고, 애초에 법을 회피하고자 5인 미만 사업장이나 주 15시간 미만 '초단시간 근로자'로 유지할지언정 이를 불가피하게(?) 넘어서는 경우, 적어도 연차휴가는 주려고 노무사 상담을 요청하는 사업주가 늘어나고 있다.

다만 동시에 이른바 '꼼수' 또한 늘어나는 추세다. 표기상 최저시급은 준수하면서도 연장·야간 또는 휴일근로에 대한 가산수당을 제대로 지급하지 않는다거나, 계약서에 휴게시간을 실제보다 과도하게 늘리는 방식 등으로 최저임금의 기준을 회피하는 방법은 여전히 영세 사업자들 사이에서 '썩 유쾌하진 않지만, 임금 지급능력 때문에라도 불가피한' 방식으로 받아들여지는 듯하다.

노동관계법령의 유동적인 해석과 그에 따른 분쟁으로 먹고사는 공인노무사의 시선에서는 한편으로 이러한 변화가 꽤 달갑지만, 동시에 스스로도 사회초년생의 티를 벗어난 지 오래지 않은 '광의의 청년[2]'이기에 노동 관련 분쟁을 관리하기 위한 사회적 비용이 늘어난다는 차원에서 썩 달갑지만은 않다는 씁쓸함이 있다.

인사(人事)가 만사(萬事)다

이에 기업과 근로자 양측 모두가 '사람 관리'의 중요성을 다시금 새겨야 하는 시점이라는 결론에 이르게 된다. 기업은 효율성의 차원에서 핵

---

2   [필자 주] 사회 통념상 '청년의 범위'는 20대 또는 학생 신분에 국한되는 듯 보이나, 적어도 「청년기본법」상 청년은 만 34세까지로 설정되어 있음.

심 인력을 유치 및 유지하고 그렇지 않은 인력은 최소한의 규율을 지켜 가며 장기적인 방출 전략을 세워야 하는 세상이다. 냉정해 보일지라도 그편이 기업도 소속 직원들도 '롱런'할 수 있는 가장 효율적인 길이기 때문이다.

계약 상대방인 근로자는 그러한 기업의 전략적 움직임을 읽고 미리 대처하는 한편, 이직(移職)의 시대에서 살아남기 위하여 역량을 키우고 최소한의 노동인권을 지킬 수 있도록 스스로와 주변을 감시해야 한다. 물론, 장기적으로는 같은 방향을 걸어가는 동행이라는 생각을 가지고 상호를 존중해야 함은 기본 전제가 될 것이다.

산업의 종류를 막론하고 예측하기 가장 힘든 것은 사람의 마음이다. 단순히 돈을 많이 준다고, 복리후생이 빵빵하다고 안주하는 근로자는 몇 없다. 백이면 백 다양한 니즈(Needs) 모두에 맞출 수는 없더라도, 니즈에 맞추지 못해 발생할 수 있는 잠재적인 문제점을 사전 예방하고 대처하려는 움직임은 얼마든지 취할 수 있다.

모르면 배우면 되고, 잘못했으면 개선하면 된다. 중요한 것은 현실의 문제점을 바로잡고 앞으로 나아가려는 의지이며, 이를 위해서는 노 · 사 · 정 3자의 끊임없는 '사람 탐구'가 계속되어야 한다. 때문에, 현대 사회에서 노동법은 누구라도 피해갈 수 없는 만인의 과제임을 모두가 알았으면 하는 바람으로 이하의 글을 전개하고자 한다.

실무자 해설

최근 많은 기업은 ERP시스템을 통해 HR 자동화를 시도하고 있다. 필자가 몸담았던 외국계, 대기업 인사팀들도 근로계약서 작성·교부, 급여 관리, 복리후생, 인사발령 등 인사업무 전반을 자동화하여 소수 직원이 2,000여 명 이상의 급여, 연차휴가, 근로계약서 작성 업무를 감당할 수 있는 여건을 갖추고 있었다.

그럼에도 불구하고 필자의 경험상 인사팀 인원에 대한 기업의 수요는 꾸준했다. 강화된 노동법 기준과 다양한 이슈에 대처하기 위해, 기업은 컴플라이언스(Compliance, '준법' 내지 '준법 경영'으로 번역됨) 관리 목적의 인력 확보에 중점을 두고 있기 때문이었다.

불과 4년 전만 하더라도 직장 내 괴롭힘은 생소한 개념이었으나 지금은 회사마다 주요 이슈가 되었고, 1주 52시간제를 준수하려 안간힘을 쓰는 중이다. 오랜 HR 경력을 지닌 인사팀 임원들은 종종 회사 임직원들이 서로 선·후배였기에 근로계약서 작성·교부조차 필요하지 않았던 시대를 이야기한다. 그러나 지금은 근로계약서는 물론 임금명세서 작성도 의무화되어 위반 시 처벌되는 시대이다.

또한 HR 시스템을 자동화하더라도 운영은 자동화가 어렵기에 아무리 훌륭한 매뉴얼을 제공하여도 인사팀의 전화 문의는 끊이지 않는다. 근태 마감 후의 급작스러운 퇴사와 휴직, 저마다의 개인 사정과 회사의 오랜 관행은 결국 사람이 대응해야 하는 문제가 되기 마련이다.

급여뿐만이 아니다. 평가에서는 지난해에 저성과자였던 직원이 올해는 갑작스레 고성과자가 되는 경우도 보았으며 야심 차게 복리후생제도를 신설·확대하여도 동종업계나 주변 지인과 비교하면 금세 불만을 토로하여 힘 빠지는 상황도 발생한다.

이처럼 변화하는 내·외부 환경으로 인한 컴플라이언스 이슈 관리, 인사제도의 운영과 그에 따른 노사 간의 신뢰 구축으로 인해 인사관리의 중요성은 날로 더해간다.

그래서 여전히 '사람'이 중요하다. 제아무리 훌륭한 HR 시스템을 갖추었더라도 회사 내부 사정과 노사관계의 복잡한 맥락에 따라 유연하게 대응하며 신뢰 관계를 쌓는 것은 사람만이 할 수 있는 일이기 때문이다. 청년 사장, 청년 직원이 상생할 수 있는 묘안을 찾아 본업에 매진할 수 있는 혜안이 절실한 시대임을 자각해야 할 것이다.

선발 패러다임의 변화

신입 공채에서 경력직·추천제도까지

불과 얼마 전까지만 해도 '경력 경로(Career Path)'라는 표현은 상당히 일차원적인 개념이었다. 교육을 마친 청년은 기업의 구인광고를 보고 응시하여 서류―필기―실기 및 면접의 과정을 거쳐 선발되는 공개채용 절차를 통해 입사하고, 기업 내에서 특정 또는 다양한 직무를 맡으며 자신의 직무 역량을 강화하고 필요한 경우 이직을 하면서 인적자원으로서의 가치를 강화해 나가는 과정이 그 'A to Z'였다.

하지만 2023년 현재, 그러한 통상의 경력 경로는 그 최초의 단계부터 부정되고 있는 듯하다. 그 핵심은, 규모를 막론하고 많은 기업이 공개채용 이른바 '신입사원 공채'라는 전통적인 인력 확보 방식에 예전만 못한 관심을 갖게 된 데서 출발한다.

실제로 2023년 상반기를 기준으로, 대기업 중에서도 소위 '4대 그룹'으로 불리는 삼성·LG·현대자동차 및 SK그룹 가운데 정기적으로 대규모 신입 공채를 진행하는 그룹은 오로지 삼성 한 곳뿐이다.[3] 그 외 대기업은 계열사별 또는 그룹별 수시채용을 통하여 인력을 수급하고 있어, 예전처럼 상·하반기 대규모 구직시장이 열리고 그에 따라 구직자들이 줄지어 면접을 보러 다니는 풍토는 찾아보기 힘들게 되었다.

하지만 시기상의 이슈 즉 정기 공채냐 수시냐보다 더 변화한 지점이 있는데, 이는 '경력직'이라는 세 글자로 요약할 수 있다. 실제로 이름을 들어 알 만한 기업 다수는 과거 시대의 주요 채용 대상인 '대졸 신입'의 채용 비율을 줄이고, 대신 그 자리를 동종·유사 경력을 타 사업장에서 쌓은 경력직 입사자로 채우고 있다.

여기에 예전과는 전혀 다른 채용 풍토도 만들어지고 있다. 서구권에서나 시행되는 줄 알았던 제3자의 '추천서'에 의한 사내추천제도의 활용은 이제 별로 놀라운 일도 아니다. 구직과 구인의 미스매치를 해결하는 효과적 아웃소싱 방안 중 하나인 헤드헌터의 활동이 급증한 것도 이러한 시장의 변화와 무관치 않다.

· · · · · · · ·

3   중기이코노미, "대기업 신입 공채 실종에… 공채·수시 '모두 준비'", 2023.03.10. 기사 등.

이에 인터넷 커뮤니티 등에서는 우스갯소리로 "신입사원에게도 경력을 묻는 시대에, 대체 청년 신입은 어디에서 경력을 쌓나."라는 자조적인 한탄이 올라오기까지 하고 있다. 과연 왜 이러한 현상이 발생하고 있으며, 지금의 패러다임에 우리 청년 사장과 청년 직원들은 어떤 방식으로 적응 전략을 취해 나가야 할까?

이직이 당연한 시대, 신입 채용은 오히려 손해?

경력직 채용은 어느 한순간 누군가의 변덕으로 시작된 풍토가 아니라, 사실 오랜 기간 노동시장의 패러다임 자체가 변화하였고 그 변화의 가운데에서 기업이 최적임자를 뽑아 경영의 효율성을 극대화하려는 과정에서 시작되었다.

슬픈 이야기이지만, 작금의 청년 세대는 자신의 부모 세대가 IMF 외환위기를 전후하여 '충성을 다해 왔던' 회사로부터 버림받고 길거리에 나앉는 것을 생생히 목도하였다. 전근대적 기업에서는 하나의 기업에 로열티를 가지고 일하면, 기업이 가부장적 시선에서 그러한 직원에게 최소한의 책무를 다하는 '평생 고용'을 보장하였으나 그러한 관례가 경영난을 이유로 송두리째 사라져 버린 것이다.

이는 기업으로서는 어찌 보면 당연한 귀결이었다. 굳이 외환위기라는 극단적인 경험이 없었더라도 말이다. 해고의 정당성 입증이 상당히 어려운 우리나라 노동관계법령하에서 「기간제법」상 2년 초과 기간제 계약 금지[4], 「고령자고용법」에 따른 정년 60세 시대[5] 등 법제화된 노동 인권 강화 정책이 시행되면서, 기업은 인력관리의 '효과적인 출구 전략'을 고민해야 하는 처지에 놓였기 때문이었다.

특히 변화하는 산업구조에 맞추어 기업은 이제 하나의 산업만을 '장인 정신'으로 파는 리스크를 감당하지 않고, 소위 '문어발식 확장'을 통해 다양한 사업을 펼쳐 그 리스크를 감소시키는 전략을 세우기 시작하였다. 이러한 풍토 아래, 기존처럼 하나 내지 적은 수의 기술이나 지식을 가진 인적자원의 관리 방식 또한 근본적으로 변화하여야 할 필요가 있었기 때문이었다.

결국 기업이 이러한 스탠스를 취하다 보니, 구직자뿐만 아니라 다수의 일반 직원도 더는 하나의 기업에 충성을 다하지 않으려는 자세로 급격하게 변화하기 시작하였다. 어느 순간부터는 인사팀에서도 이직 횟수의 다소(多少)를 덜 신경 쓰기 시작했고, 직원들 사이에서는 오히려 근속연수가 오래된 '엉덩이 무거운 상사'를 무능력하다고 판단하기에 이르렀다.

이에 폭발적으로 증가하는 이직률은 여러 통계를 통해 현실화되었

....

4   2007.1.1. 시행.
5   2016.1.1. 시행. 단, 300인 미만 사업장은 2017.1.1.부터 적용.

고, 예전처럼 소위 '서비스 타임이 긴' 젊은 신입사원을 뽑을 이유는 사실상 사라져 버렸다. 특히나 최초 입사 시점에 신입사원에 대한 기업의 교육 역량 및 자원이 다수 소모된다는 점까지 고려한다면, 신입을 뽑는 건 아무리 계산기를 두드려도 수지 타산이 맞지 않는 장사가 되어버렸다.

하지만, 경력직 채용이 트렌드라 하여 모두 장점만 있는 것은 아니며 그 가운데에서도 뽑힐 신입들은 알음알음 일자리를 구하고 있다. 이러한 트렌드에서 살아남을 방법은 과연 무엇일까?

'일경험' 통한
무형의 실무 능력 필요

지난 2023년 5월 30일, 서울역 인근 대한상공회의소에서 개최된 '미래내일 일경험 발대식'에 참석한 필자는 더는 기업이 예전처럼 스펙만으로 사람을 뽑는 시대가 저물었음을 실감했다.

이날 연사 중 한 명인 모 대학 교수는, "기업은 이제 어떤 대학 어떤 전공 출신이라는 이유만으로 사람을 뽑지 않는다."고 운을 띄우며 학교에서 가르치는 지식과 실제 업무와의 괴리에 대해 설명하였다. 특히 이공계열 등 첨단 산업 분야에서는, 학교에서 가르치는 기술과 실제 기업에서 요구하는 기술의 레벨 자체가 다르기 때문이다.

때문에, 신입사원으로 첫발을 내딛게 될 청년들은 '내가 배운 것이 무엇인가'가 아닌, '앞으로 어떤 일을 할 수 있는가'를 적극적으로 어필해 달라는 시대의 요구에 응답할 준비가 되어 있어야 한다.

이에 인턴십으로 대표되는, 취업 전 '일경험 프로그램'의 중요성은 날이 갈수록 커지고 있다. 필자가 취직할 때만 하더라도 어학점수나 자격증 등 '유형의 증명서'의 가치가 높았지만, 이제는 그 증명서만으로도 개인의 능력을 담보할 수 없게 된 만큼 실제 산업현장에서의 경험을 통한 체득이 더욱 중요하다는 결론에 이르고 있다.

특히나 지식산업이 대세가 되는 요즘, 단순히 지식적인 머리가 좋은 것뿐만 아니라 소위 '일머리'가 좋은 인재의 필요성이 대두되면서 기업은 적극적으로 정부 차원의 프로젝트에 참여하고 있다. 당장 이날 발대식에서도 삼성이나 SK하이닉스 등 국내 유수의 기업이 '채용연계형 일경험 프로그램'에 참여하겠다고 밝힌 점이 이러한 인재상의 시대적 변화를 반영하는 것으로 보인다.

이제는 청년들이 이 움직임에 호응해야 한다. 자문단 활동으로 대학 캠퍼스를 찾아가 고용 지원 프로그램 등을 홍보하면, 생각보다 많은 학생이 프로그램의 존재조차 모른 채 습관적이고 반복적으로 선배들의 방식을 답습하고 있는 것을 확인할 수 있다. '아는 만큼 보인다'는 말처럼, 이런 프로그램을 찾아 적극적으로 활용하는 것이 막강한 경력자들에게 대항할 수 있는 신입의 '패기'라고 생각한다.

경력자라도 반드시 '성과'로 이어지지는 않는다

신입 공채 대신 경력직 채용은 이론적으로는 그럴듯하나 실무적으로는 생각처럼 쉽지 않은 일이다. 애초에 노동시장에서 한정된 숫자로 존재하는 전문성을 가진 경력자를 데려오는 과정 자체가 험난하기 때문이다.

우선 경력직은 신입사원 대비 훨씬 더 높은 급여 수준을 보장해야 하며, 그들에게 접근하기 위해서는 단순히 사내 HR 네트워크뿐 아니라 외부를 탐색할 수 있는 별도의 경로를 만들거나, 헤드헌터 등 아웃소싱을 통해 이들을 찾아내야 한다. 어렵게 찾아내더라도 많은 회사에서 그들이 가진 '경력의 가치'를 측정할 객관적 평가 시스템이 부재하여 최선의 판단을 내리는 것이 생각처럼 쉽지 않다.

특히 '경력'이라는 개념 자체가 상당히 주관적이고, 단순히 "내가 A기업에서 0년 0개월을 일했다."라는 사실이 곧 그가 고성과자임을 나타내는 지표가 아니라는 점을 주목해야 한다. 시스템이 잘 갖춰져 있는 회사에서 이를 따라가며 성과를 잘 내던 사람도, 시스템이 다르거나 미흡한 회사로 이직한 뒤에는 성과가 박살 나는 경우도 많다.

기업 및 업무 특성과의 적합성(Fit)도 고려해야 한다. 다른 사업장에서 일을 배웠다는 것은 곧 같은 일이라도 이를 수행해 나가는 스타일의 차이가 발생한다는 점을 명심해야 한다. 스타일의 차이가 적은 업종이라면 경력채용의 실패 가능성이 작겠지만, 지식노동 등 부가가치가 높은 사업일수록 그 작은 차이가 매우 큰 결과물의 차이로 이어질 수 있다는 점을 고려해야 한다.

때문에 '능력 있는 사원'을 모시려는 자원적 소모를 어느 정도 분배하여, 경력직과 신입의 효과적인 분배를 고민할 필요도 있다. 심지어 경력직도 또 다른 이직을 준비하는 게 당연한 세상에서, 결국 청년 사업가 스스로가 역량을 갖추기 위해 그에게 배우고 다른 사원들에게 경력자의 암묵지를 전수하는 시스템을 내재화하는 것이 훨씬 중요한 일이기 때문이다.

적어도 앞으로 십수 년간은 지금의 경력직 위주 패러다임이 쉽게 바뀌지 않을 듯하다. 그 가운데, 신중하고 올바른 선택이 기업의 미래도 일하는 청년의 커리어도 송두리째 바꿀 수 있음을 명심하여야 한다.

실무자 해설

◎ 신입사원 채용에서의 TIP : 중고 신입이 돼라

최근 회사에서 채용연계형 인턴십 프로그램을 실시하였다. 100명 이상의 이력서와 자기소개서를 검토하면서 학점 4.0, 토익 900 이하를 보기 어려웠다. 심지어 일본어, 러시아어, 아랍어까지 제2외국어도 능숙한 지원자들이 많았다.

이러한 입사지원자 중에서도 최고의 인재를 뽑는다면 신입사원은 조직에 훌륭히 적응하여 성과를 창출하고 본인이 면접에서 약속한 바와 같이 '오래도록 함께' 회사의 발전을 위해 기여해야 하는 것이 당연한 수순이어야 할 것이다.

그러나 현실은 이와 다르다. 입사지원자들의 학점, 어학 실력 스펙은 훌륭하나 입사 후 자신이 생각한 커리어와 방향이 맞지 않거나 P-J Fit(사람-직무 적합성)이 불일치하면 퇴사로 이어질 가능성이 높다. 그래서 화려한 스펙은 채용의 주된 지표로 보기 어렵다.

따라서 회사는 이미 직무에 대한 이해가 높고 나아가 즉시 성과를 나타낼 수 있는 중고 신입을 선호한다. 하지만 경력이 일천한 대졸 신입이 어디에서 경력을 쌓을 수 있을까?

회사는 처음부터 능숙한 신입사원을 채용하는 것을 바라지 않는다. 회사에서 신입사원의 경력을 본다는 의미는 유명한 대기업에서 우수한 성과를 남긴 경력을 의미하는 것이 아니라, 자신의 직무에 대해 깊이 이해하고 전문가가 되기 위해 노력한 흔적을 보는 것이라고 생각한다. 입사지원자로부터 그러한 진정성을 발견한다면 해당 지원자가 입사할 경우 회사도 그에 맞는 직무를 부여하고 기회를 제공할 것이다.

따라서 직무전문성을 강조하여 입사 기회를 얻고자 한다면, 각종 인턴십, 산학 연계 교육 프로그램에 적극적으로 참여해 볼 필요가 있다. 지자체, 공공기관 등은 외국계, 대기업 계열사와 업무협약을 체결하여 실무 경험을 할 수 있도록 기회를 제공한다. 회사들도 업무협약의 성과를 달성하고 인력 풀(Pool)을 확대하며 실무를 경험한 학생을 선발하고자 해당 프로그램을 채용 통로로 활용하기도 한다.

또한 직무와 관련된 실패 경험도 직무에 대한 진정성을 강조하는 데 도움이 될 수 있다. 예컨대, 전문자격증 시험 응시, 경진 대회 도전, 영업이나 사업 등 관련 경험과 이유를 어필한다면 그러한 경험조차 없는 지원자보다 직무에 대한 진정성이 더욱 부각될 것이다.

◎ 경력사원 채용의 TIP : 직무 전문성에 초점을 두라

회사에서 채용을 진행한다는 소식이 들려오면 해당 부서에서는 '대리급 경력사원으로 채용해 달라'는 요청이 온다. 즉시 전력으로 활용할 수 있는 인재가 아니라면 차라리 혼자 업무를 수행하는 것이 낫다는 이야기를 들은 적도 있다. 바쁜 와중에도 열심히 가르쳐 이제야 제 몫을 하는 신입사원들이 퇴사하는 것만큼 힘든 일도 없기 때문이다.

공채 제도에서는 계열사마다 사업을 확대하거나 퇴사자가 대거 발생하여 즉각적인 인력 수급이 필요해도 채용의 당위성을 설명하고 비용을 집행하기까지의 수많은 절차로 인해 상당한 시간이 소요되었다. 지체되는 기간만큼 사업의 진행은 어려워지고 업무공백은 커져 회사는 손해를 입게 된다.

그러나 경력직 수시채용을 진행한다면 계열사마다 적시에 원하는 인원을 채용할 수 있어 신사업 진척이 원활해지고 업무공백 발생이 적어 비용 손실을 최소화하고 높은 성과를 달성할 수 있다. 따라서 저성장 시대, 사업의 확대보다 비용의 절감이 중요한 요즘, 회사는 비용 손실을 방지하고자 경력직 수시채용을 도입하였고 현재는 안정화 단계에 이르렀다.

그렇다면 과연 실제 채용에 있어서 회사는 몇 년 차 직원을 선호할까? 필자의 경험상 다수 회사가 2~3년 차 대리급 직원이 부족한 실정이어서 채용 수요도 해당 연차의 경력사원을 원하는 경우가 많았다. 실제로 채용 계획 수립을 위한 인원 구성비 자료를 작성하면서 부서마다 허리 부분이 잘록하게 들어간 그래프를 확인할 수 있었다.

그렇다면 단순히 2~3년 차 대리라면 경력채용에 우위를 가져갈 수 있을까? 필자는 채용팀과 회의 중 "채용 공고보다 재직 기간이 짧은 지원자라도 직무 전문성이 뛰어나다는 확신이 있다면 채용하겠다."는 말이 기억에 남는다. 이처럼 경력직 채용은 장기 재직 여부가 아닌 직무 전문성이 중요하다. 이는 퇴사자의 공백을 메우기 위한 목적뿐 아니라 신사업 진출에도 즉시 전력감이 필요하기 때문인 것으로 보인다.

이러한 직무 전문성의 기준은 중요한 업무를 수행한 적이 있는지, 그에 따라 성과를 창출한 경험이 있는지 여부로 정리할 수 있다. 최근 많은 기업이 검증 도구로 활용하는 레퍼런스 체크에서 직무 전문성 부분을 중점적으로 확인하는데, 이를 검증하기 위한 전화 인터뷰는 거의 1시간 정도 소요된다고 한다. 이처럼 경력직 채용의 가장 중요한 요소는 두말할 것 없이 직무 전문성일 것이다.

직무 전문성뿐만 아니라 직무 자체의 가치도 경력직 채용의 중요로 부각되고 있다. 이에 따라 부서마다 핵심 업무를 담당한 직원은 이직의 가능성이 높아지고 있다. 미국에 비해 우리나라는 아직 이직 시장이 활발하지 않아 직무에 대한 시장가치가 형성되지 않았지만, 외국계 기업을 중심으로 포지션별 급여 평균 정보 자료에 따라 처우 협의를 진행하는 방식이 보편화되고 있기에 어떠한 업무를 담당하고 있는지도 중요해졌다.

직무 중심의 인사관리를 강조하는 기조 속에서 우리나라의 이직 시장도 앞으로 계속해서 활발해질 것으로 예상되기에 이러한 흐름이 계속된다면 앞으로 직무가치가 경력직 채용의 중요한 요소로 작용할 것으로 본다. 따라서 청년 직원들은 이러한 변화를 파악하고 중요 직무를 담당하기 위한 개인의 경력 설계를 심도 있게 고민해 보아야 할 것이다.

종합하면, 이제 경력직 수시채용은 도입기를 지나 안정화 단계에 이르렀으며 이직 시장이 활발해지면서 직무의 가치가 중요하게 되었다. 따라서 기존의 직무 전문성에 더해 직무의 가치가 중요한 요소로 자리 잡을 것이다. 이에 신입사원, 경력사원의 구분 없이 직무에 초점을 맞추어 전문성을 확보하는 것이 장기적인 관점에서 중요한 부분이 될 것이다.

채용의 매너

「채용절차법」에서 정하는 최소한의 '약속'

　유독 최근 들어, 채용 과정에서 발생하는 불미스러운 일이 언론을 통해 보도되는 빈도가 부쩍 늘어난 느낌이다. 그 대표 격인 '강원랜드 취업 비리'를 포함하여 모 제약사 채용 면접에서의 성차별적 질의, 유튜브 클래식 음악 채널에서 이슈로 떠올랐던 '경력직 PD 연봉 일방조정 사건', 중견기업의 '7시간 등산 면접'까지 잊을 만하면 한 번씩 이슈가 솟아나고 있다.

　이런 소위 '채용 갑질'은 이미 우리 사회에 만연해 있었다. 가령, 몇 년 전까지만 해도 많은 기업이 돌발 상황에 대처하는 순발력을 체크한다는 이유로 '압박 면접'을 시행하였다. 문제는 압박의 정도가 단순 테스트의 개념을 넘어 말 그대로 지원자의 인격을 모독하는 수준에 이르는 경우가 꽤 많았다는 데 있다.

최근 한 설문조사에서 취준생이 가장 꺼리는 면접 방식(응답자의 56.8%)으로 꼽히기까지 한 해당 방법은[6], 기업의 이윤 추구라는 일차원적인 목표뿐만 아니라 지속 가능성이나 도덕성까지 중시하는 소위 'ESG 경영'이 대두되는 현대 사회에서는 점차 개선되어 가고 있는 주요 트렌드 중 하나다.

그러나 굳이 이렇게 거창한 채용 비리를 언급하지 않더라도, 여전히 구직의 길은 청년에게 가혹하다. 당장 청년 구직자들은 회사가 어떤 기준을 가지고 인재를 채용하는지조차 모르는 '정보의 불균형' 상태에 놓여 있기에, 고작 "귀하께서는 서류전형을 통과하셨습니다."라는 형식적인 회사의 통지조차 친절하다고 여길 정도다. 자신이 제출한 서류에 있는 수많은 개인정보가 어떤 식으로 악용될 수 있는지, 그러한 내용이 법에서 명백하게 금지하고 있는 행위에 해당하는지조차 모른다.

그런 면에서 기업도 구직자도 채용 과정에서 정정당당하고, 후회 없는 노력을 다할 방법을 찾아볼 필요가 있다. 어렵지도 않다. 이미 관련된 법이 시행 중이며 심지어 정부를 주체로 한 개선안까지도 도출되고 있기 때문이다.

---

6   문화일보, ""압박 면접 싫어요"… 취준생들 "극한 상황, 심리적 위축" 가장 꺼리는 면접 유형으로 꼽아", 2023.03.16.자 기사. 해당 설문은 종합교육기업 에듀윌에서 진행.

최소한의 약속, 「채용절차법」

노동관계법령 중 하나인 「채용절차법」은 지난 2014년 1월 21일부터 버젓이 시행되고 있다. 이 법은 기존의 「근로기준법」 등 노동관계법령이 '근로계약의 체결 이후'에만 한정된다는 점에 근거하여, 근로계약 체결 전 구직자를 대하는 과정에서도 지켜야 할 최소한의 예절을 정하고, 위반사항에 대해 벌칙·과태료 등을 부과하고 있다.

이 법의 주요 골자는 시점을 기준으로 3단계로 구분된다. 먼저 ①채용 공고 및 지원 단계에서, 구인자(회사)는 채용 공고상의 근로조건을 이후에 일방적으로 불리하게 적용한다거나, 채용 과정에서 지득한 저작권 등을 강제로 자신의 것으로 귀속시킬 수 없다(제4조). 「근로기준법」 제9조의 취업 개입을 넘어 채용 강요 금지조항(제4조의2)을 두고, 신체적 조건이나 출신지 등 개인정보 요구도 금지하고 있다(제4조의3).

때문에 과거 대면서비스업종에서 '전신 프로필 사진'을 제출하도록 종용한다거나[7], 유명 영화 대사처럼 "느그 아부지 뭐 하시노?"라며 가족의 직업부터 자택의 자가 유무 등을 대놓고 물어보는 경우는 이미 많이 사라졌다. 나아가 지난 2023년 1월에는 개인정보보호위원회에서 『개인정보 보호 가이드라인(인사노무편)』 자료를 배포하여 구체적인 기준까지 제시하고 있다.

---

7   다만, 여전히 구직자의 단순 구분을 위하여 이력서에 반명함판 사진 등을 부착하도록 하는 정도는 법에 저촉되지 않는다.

이어 ②채용 진행 중에는 그 채용 일정을 사전에 알리고, 만일 일정이나 심사 등이 지연·변경될 경우 그 사실 또한 알려야 한다(제8조). 또한, 채용 심사과정에서 발생하는 비용을 부당하게 구직자에게 부담시킬 수 없도록 규정하는 등(제9조), 채용의 전체 절차가 회사의 책임과 부담하에 이루어져야 함을 구체화하였다.

다만 이에, 해당 규정이 '채용 시 신체검사 비용'에까지 적용되는지에 대하여 약간의 혼선이 발생하고 있다. 국민권익위는 신체검사 비용이 채용 심사비용이라며 회사가 부담하라는 입장[8]이었지만, 법제처는 신체검사가 '기본 채용서류'의 일종이라며 구직자가 그 비용을 부담하더라도 위법하지 않다[9]는 상반된 결과를 내놓았기 때문이다.[10]

마지막으로 ③채용절차가 끝나고 최종 합격자가 확정된 경우, 이 법 제10조에 따라 응시자에게 합격 또는 불합격 여부를 알려야 한다. 아울러 최종 불합격자가 제출한 채용서류의 반환을 청구하는 경우 이를 반드시 반환해야 하고, 반환 요구가 없다면 개인정보 보호 차원에서 해당 서류를 파기할 의무 또한 회사에 발생한다(제11조).

....

8   국민권익위원회, ""구직자에게 채용 신체검사비용 부담 안 돼" 제도개선 권고", 2021.7.21.자 보도자료.

9   회시번호: 법제처 22-0052, 회시일자: 2022-06-27.

10 이에 실무적으로는 비용 문제가 애초에 발생하지 않도록, 국민건강보험에서 무료로 발급하는 '채용 신체검사 대체 통보서'를 활용하는 방법을 대안으로 활용하고 있다.

다소 아쉬운 개선, 「공정채용법」

다만 이러한 좋은 취지와 내용에도 불구하고, 현행법상 「채용절차법」은 30인 이상 사업장에만 적용되기에 규율의 실질이 크지 않다는 지적이 이어져 왔다. 또 현행법상 규율하는 범위 또한 확대해야 한다는 여론이 이어지면서, 여야를 막론하고 입을 모아 진일보된 채용절차의 규율을 논하여 왔다.

이에 지난 2023년 5월, 정부 여당이 「공정채용법(안)」을 공식 당론으로 확정하면서 본격적으로 논의가 시작되고 있다. 이 법안의 핵심은 ① 채용 강요·고용 세습 등 불공정 행위에 대한 처벌조항을 신설하고, ② 해당 불공정 행위로 채용된 자의 채용취소 근거를 법적으로 명문화하며, ③채용 과정에서의 갑질 근절을 위하여 면접 시 개인정보 요구 금지 등 보호 규정을 강화하는 데 있다.

필자를 포함한 고용노동부 2030자문단에서는 올해 초부터 해당 법안의 아웃라인을 공유받고, 부처 실무진이 포함된 비공개회의 등에서 의견을 공유하여 왔다. 구직 중인 대학생부터 사업체 운영자 등이 참석한 가운데, 기존 법령의 허점을 보완하고 청년층이 불공정하다고 느끼는 이슈에 대해 칼을 빼 들었다는 점에 공감한다는 의견이 적지 않았다.

다만 노동계에서 요구하여 온 적용 범위가 여전히 30인 이상 사업장에 국한되어 있다는 점, 입법 논의 과정에서 청년층의 공정성 인식 재고를 천명한 것과 달리 그 일부 내용이 '건설노조 등의 무분별한 채용 강요 금지' 등 다른 방향으로 뻗어 나가 본래의 취지가 다소 희석된 점 등은 마냥 반가워하기만은 어려운 일이며 실제 회의에서 지적사항으로 제기되기도 했다.

▌ 법과 사회 상식에 맞는 채용, ▌ 노사 신뢰로 이어진다

어느 사회와 세대를 막론하고 공정성이라는 부분은 참으로 중요한 내용이지만, 특히 현재의 대한민국을 살아가는 청년층에게 그 이슈는 더더욱 중요하다. 나라가 온갖 이슈로 시끌시끌할 때도 적어도 교육이나 취업 등 젊은 세대에 공정한 기회를 부여하여야 한다는 기본적인 인식은 모두가 공유하고 있었고, 그 결과 입시 비리에 얽힌 정부 고위공직자나 심지어 대통령까지도 탄핵의 결과물이 될 정도로 우리 사회의 잣대는 엄격하다.

이는 단순히 근로계약 관계에서 발생하는 공정에 대한 인식이 법령의 문구로만 규율하기 쉽지 않다는 방증이 되기도 한다. 기여입학부터 고위층의 추천제도 등 소위 'Priority Pass'가 인정되는 서구 사회 구성원과 달리, 이런 부분까지도 기회의 공정성을 박탈한다고 느끼는 우리 국민과 청년의 법 감정은 극명하게 다르기 때문이다.

따라서 결국 회사는 청춘을 아끼지 않고 자신에게 투자할 능력 있는 청년을 선발하는 데 있어 그들의 목소리를 먼저 들어야 한다. 기업이 그의 시선에서 아래를 내려다보며 생각하는 공정이라는 개념과 구직 중인 청년이 위를 올려다보며 느끼는 공정의 개념 사이에는 큰 간극이 있다는 점을 명심해야 한다. 그 간극을 메우는 방법은 끊임없는 대화에 있다는 것도 잊지 말아야 한다.

회사가 대외적으로 공개채용을 명시한 경우라면 그 선천적 배경 등과 무관하게 직무와의 적합성(Fit)이 가장 높게 나타나는 사람을 인재로 삼을 것이며, 만일 회사의 인재 경영 방침이 관계적인 부분을 더욱 중요시한다면 차라리 공채 제도 대신 추천인 제도 등을 일부 직군에라도 활용하여 구직자들이 불공정성을 그나마 덜 지각할 수 있도록 전략적인 인재 확보 방침을 세워야 한다.

시험, 면접 등에서 불필요하게 오해를 살 수 있는 발언은 삼가고 불합격한 사람에 대해서도 최소한의 매너를 전해야 한다. 지금은 구직자와 사용자라는 수직적인 관계로 만났지만, 그들이 입사하지 않게 되면 결국 소비자와 생산자라는 대등한 관계로 만나게 된다는 점을 꼭 기억한다면 채용 과정에서 서로 얼굴을 붉히는 일은 점차 줄어들 수 있을 것이다.

실무자 해설

2020년 인천국제공항공사 정규직 전환 논란, KT 채용 비리 사건이 발생하였으며 2022년에는 부산교육청 채용 비리로 인하여 공시생이 스스로 목숨을 끊는 안타까운 사건까지 발생하였다. 이와 같은 모호한 합격 기준과 채용 비리로 인해 발생한 일련의 사건 사고들로 채용 공정성은 여러 기업에 있어 그 어느 때보다 중요한 이슈가 되었다.

이에 따라 각 기업은 채용 과정에서의 컴플라이언스를 강화하고 있다. 대기업에서는 별도의 면접관 교육을 이수한 직원에 한하여 면접에 참여할 수 있도록 내부 프로세스를 확립하였고, 인사팀 인원이 반드시 면접관으로 참여하여야 하는 등 채용절차의 공정성을 위하여 애쓰고 있다.

이러한 노력은 단순히 면접절차에 국한되지 않는다. 대기업의 경우 남녀비율, 장애인, 국가유공자 여부 등 여러 요건을 종합적으로 검토하여 합격자 선정 기준을 엄격히 적용하고 있으며 해당 결과 또한 통보함으로써 결과에 대한 신뢰도를 향상하고자 노력하고 있다.

◎ 기업 이미지 제고 차원의 채용절차

기업들이 채용 공정성에 열을 올리는 이유를 단순히 사회적 이슈에 대한 반응으로 한정 지을 수는 없다. 채용 기준, 면접 순서, 일정 등을 지원자에게 적시에 공유하는지, 심지어 면접장 시설이나 다과 구비 여부 등도 회사의 이미지에 직접적인 영향을 줄 수 있으므로 회사는 단순히 컴플라이언스 준수에 머무는 것이 아니라 ESG, 브랜드 이미지 개선에 미치는 영향까지 고려하여 운영하고 있다.

구체적으로 대기업들은 계열사들의 실제 사례를 바탕으로 공정채용 가이드를 작성·배포하여 단순히 채용절차법 이상의 기준을 준수하도록 강조하고 있다. 또 결과를 기다리는 지원자들의 불만과 채용 결과의 모호성을 제거하고자 채용 일정 변경, 전형 결과 사항을 자동으로 전송하는 전자 시스템을 도입하여 지원자들에게 실시간으로 공지될 수 있도록 하였다.

여기에 평가자가 정량·정성평가 결과를 프로그램에 입력하면 채용 결과 공고 시 지원자의 메일로 전송되도록 하여, 미래 고객인 지원자들에게 고객 중심적이며 공정한 회사의 이미지를 전달하고자 하였다.

그러나 가이드 수립 및 공유, 시스템 개발 및 도입에도 불구하고 사전 계획대로 신속하게 채용 프로세스를 완료함으로써 기업 이미지 제고, ESG 경영을 실현하는 것은 어려운 일이다. 의사결정 과정이 길어지거나 지원자가 변심하는 등 변수가 많기 때문이며 어찌 보면 지원자 입장에서는 채용이 사전 공지대로 진행되는 것은 당연하기 때문이다.

그래서 필자는 당근마켓의 'Recruit24'를 채용을 통해 긍정적인 기업 이미지를 형성하는 ESG 경영의 사례로 본다. Recruit24는 입사 지원 후 서류 결과까지 24시간 이내에 진행하는 캠페인으로써 한동안 채용 담당자들 사이에 화제가 되기도 하였다.

필자는 해당 캠페인을 통해 당근마켓이 신선한 시도를 하는 혁신적인 기업의 이미지를 전달하는 데 성공했다고 본다. 채용을 단순히 인재를 선발하는 수단으로 한정 지은 것이 아니라 기업의 이미지를 전달하는 도구로 활용할 수 있다는 점을 보여주었기 때문이다.

이처럼 기업들은 채용 관련 컴플라이언스 준수, 객관적이고 공정한 채용을 넘어 ESG 경영 실현과 기업 이미지 제고의 수단으로써 채용을 활용하고 있다. 채용절차를 단순히 컴플라이언스 이슈를 제거하려는 노력에만 머무르는 것이 아니라 ESG 경영의 수단으로 여긴다면 더욱 발전적인 방향으로 채용절차를 활용할 수 있을 것이다.

◎ 사회의 다변화와 컴플라이언스 영역의 확장

「개인정보보호법 시행령」 제18조 제4호는 인종이나 민족에 관한 정보를 민감 정보로 두고 있다. 이러한 규정에 관심을 기울이는 국내 기업은 많지 않을 것이다. 그러나 국내 대기업과 달리 외국계 기업의 경우 다양한 인종과 민족, 문화가 공존하기에 인사관리에 있어 '글로벌 스탠다드'라는 기준이 추가된다.

일례로, 필자는 외국계 인사팀에 재직하던 당시 외국 본사의 지침으로 각국 본부에 지원자와 재직자의 민족과 성적 지향성도 수집하여 관리하는 방안을 검토한 적이 있다. 그 과정에서 외국 본사는 한국 본부가 민족 항목을 관리하지 않는 부분을 의아하게 여겼으며 우리나라가 단일 민족이라는 점을 설명하면 생소하게 여겼다.

성적 지향성에 대한 정보도 마찬가지이다. 외국에서는 지원자와 재직자의 성적 지향성 정보를 바탕으로 그들을 배려하는 것을 자연스럽게 여긴다. 그러나 국내 기업에서 입사지원자의 채용서류나 재직자의 인사기록카드에 성적 지향성을 별도로 항목으로 두고 기재하도록 하여 관리하는 경우는 상당히 드물다.

그러나 변화하는 시대 속에서 국내 기업들도 민족과 성적 지향성을 중요 정보로 관리할 필요가 있을 것으로 보인다. OECD는 총인구 중 외국인, 이민 2세, 귀화자 등 '이주 배경인구'가 5%를 넘으면 다문화·다인종 국가로 분류하고 있는데 우리나라의 인구대비 체류 외국인 비율은 2022년 4.37%로[11] 우리나라도 다문화 국가로 분류될 날이 머지않아 보인다. 성적 지향성에 관한 인식도 빠르게 변화하고 있어 채용 영역에서도 중요도가 높아지고 있다.[12]

따라서 이제는 국내 기업들도 민족, 성적 지향성에 관한 정보를 선

· · · · · · · · ·

11   행안부 보도자료, "한국에 거주하는 외국인주민 수 222만 명, 총인구 대비 4.3%", 2020.10.29. 법무부 출입국 통계 "연도별 인구대비 체류외국인 현황".

12   [필자 주] 대표적인 예로 성적 지향성에 따른 차별을 금지하는 포괄적 차별금지법안을 들 수 있다.

제적으로 대응할 방안을 마련해 두는 것이 필요할 것이다. 예컨대, 개인정보 제공 동의서에 민족, 성적 지향성에 관한 항목을 포함하여 노무 이슈를 사전에 대비하거나 채용 면접 시 민족, 성적 지향성에 관한 질문에 유의하도록 교육을 실시하는 것이 기초적인 관리 방안이 될 것이다.

이와 같은 방안 외에도 민족, 성적 지향성 정보를 민감 정보로 인식하여 채용 등 인사관리 업무에 반영한다면 불필요한 노무 이슈가 발생하는 것을 사전에 차단할 수 있을 것이다.

자기소개서

스펙보다 중요한 건 직무와의 적합성(Fit)

앞선 글이 회사 차원에서 사람을 뽑을 때의 주의사항이라면, 이번 글에서는 청년 구직자로서 기업에 "저 좀 뽑아 주세요!"라고 어필할 때에 명심해야 하는 몇 가지를 다루고자 한다.

청년의 마지노선에 놓인 필자의 시선으로 볼 때, 입사 전 자신의 장점을 홍보할 수 있는 '자기소개서'를 엉망으로 쓰는 경우를 정말 많이 보게 된다. 언론사 입사 이후 수많은 '언론고시생' 후배들이 이 문제로 고민하며 상담을 요청해 왔고, 노무사가 된 뒤 비교적 어린 연차에도 소속 법인의 입사지원서를 살피고 여러 타 기업체의 면접 위원으로 참석하면서 얻은 나름의 '대형 표본'에 근거하는 말이다.

물론 최치원의 '토황소격문(討黃巢檄文)'에 비견할 수 있을 만큼 훌륭한 지원서도 보이지 않는 것은 아니나, 이를 무색하게 할 정도로 형편없는 자기소개서가 많다. 이 경우 십중팔구는 아무리 외형적인 스펙이 건실하더라도 좋은 이미지가 도통 그려지질 않거니와, 그런 인상이 심화될 경우 그 자기소개서는 면접 대상 선정 과정에서 배제되기에 이른다.

이에 청년 취업난의 시대에, 구직에 열을 올리는 '일하고 싶은 청년' 여러분이 꼭 챙겨야 할 것들을 소개한다.

"Do not" : 횡설수설, 억지연결, 자기자랑

정말 많은 구직자가, 회사가 뭘 물어봤는지를 잘 모르고 자기가 하고 싶은 말만 열심히 써 내려간다. 요즘 이력서 등을 자유 양식으로 하는 회사가 많아지고는 있지만, 여전히 최소한의 비교로 변별력을 확보하기 위해 이미 구성된 문항에 답하도록 하는 회사가 많다는 점에서 이러한 실수는 치명적이다.

가령 영업직 직무 지원자에 대한 질의가 "지원하신 직무 분야에서 자신이 강점을 가진 부분이 무엇이라고 생각하십니까?"라면, 다소 천편일률적일지라도 소위 '모범답안' 중 하나는 스스럼없는 친화력을 내세

우며 '약간의 양념'[13]을 치는 방식일 것이다.

　여기서 가장 많이 하는 실수는, 직무와 무관한 사례를 들먹이는 방식이다. 영업직이니 커뮤니케이션 스킬과 관련된 대회 수상이라면 모를까, 별 관련도 없어 보이는 학교 경연대회 우승 등을 어떻게든 연결해 보려다가 알맹이 있는 말보다는 이를 꾸미려는 '장식'들이 많아지게 된다. 가끔은 더 나아가 '부모님이 모 회사 영업왕'이라는 답이 나오기도 한다. 말도 안 된다고? 생각보다 정말 많다!

　나아가 자랑의 수준이 도를 지나치는 경우도 많다. 글이란 것이 참으로 무서운 게, 읽다 보면 그 사람의 과도한 자아가 느껴지면서 '나를 뽑는다면 너희들이 영광으로 알아야지'라고 서면 너머에서 뽐내고 있는 구직자가 그려지는 경우가 있다. 특히 진짜로 잘난 사람들보다, 잘난 '척'을 하려는 구직자들이 이 함정에 많이 빠지게 된다.

　이렇게 회사에서 속된 말로 '안물안궁'인 부분까지 늘어놓는 구직자의 심리는 결국 자신의 강점을 어필하려는 부분이 과도하게 발현되는 데서 시작한다. 높은 경쟁률을 뚫고 선택받으려다 보니 남들보다 자극적인 카피라이팅을 선택할 수밖에 없고, 때문에 회사에서 원하는 인재상과 전혀 무관하더라도 자신이 잘하는 걸 우선 얘기하고 싶은 마음이 앞서기 때문이다.

. . . .

13　예: 친화력의 수준을 동물 '카피바라'에 비교한다거나, 대학 시절 동아리 회장을 역임하며 있었던 인간관계 이슈, 인턴십·아르바이트 과정에서 겪은 고객과의 훈훈한 일화 등.

다만 이는 정말 치명적일 수밖에 없는 것이, 회사는 제아무리 전문성이 뛰어나더라도 소통이 되지 않는 사람은 절대로 원하지 않는다. A라는 기댓값을 가지고 입력했는데 A도 아닌 B란 결과를 낸다거나 아예 결괏값을 내지도 못하는 사람에게, 성과와 직결되는 주요한 업무를 과연 맡길 수 있을지를 생각해 보면 금방 답이 나온다.

"Must do" : 업무 인식, 이해능력, 발전 가능성

앞서 소개한 실패 사례를 바탕으로, 내가 할 일과 나의 장점을 제대로 파악하여 업무와 사람 간의 적합성(Fit)을 어필하는 것부터 연습할 필요가 있다. 그러기 위해서는 약간의 사전 작업이 필요한데, 지원하는 회사와 업무를 이해하기 위한 시간 투자가 바로 그것이다.

생각보다 많은 청년 구직자들이 뚜렷한 전략 없이 그저 물량으로 구직 활동에 임하고 있다. 이는 자신의 업무적 선호도나 강점을 아직 찾지 못한 '자아 탐색 단계'에 있는 구직자가 '울며 겨자 먹기'로 선택하는 방식이고, 이를 바라보는 기업의 시선에서는 구직자의 성의가 부족하다는 생각을 하도록 만드는 방식에 불과하게 된다.

나름 성의를 보인답시고 기업 홈페이지에 들어가 '기업 소개'란에서 창업주 인사말 같은 걸 긁어오는 건 오히려 역효과가 날 수 있다. 아주

작은 회사가 아니고서야, 구글링에 시간을 조금만 투자해도 현재 회사가 어떤 분야에서 강점을 나타내고 있는지 알 수 있는 경우가 많다. 회사가 매진하는 사업명을 명시하면서 그 사업에 자신이 지원하는 업무가 어떤 역할을 하는지를 이해하고, 그 역할 수행 과정에서 자신이 어떤 일을 할 수 있는지를 어필할 필요가 있다.

하지만 당연한 결론으로, 구직자 대다수는 그런 일에 당장 보탬이 될 정도로 훌륭한 능력이 없다. 이는 필자를 포함한 지난 세대의 구직자들도 마찬가지였다. 상식적인 차원에서, 회사도 당장 이 신입사원이 '즉시 전력'이 되어 회사의 매출 성장을 견인할 것이라고는 기대조차 하지 않는다.

그런 면에서, 신입사원은 미래의 '기댓값'이라는 지점을 적절하게 활용해야 한다. 자신의 성장 배경부터 전공, 성격 등이 향후 회사의 핵심 업무를 수행하는 역량으로 성장하는 데 어떤 도움이 될지를 유기적으로 엮을 필요가 있다. 그 과정에서 겸손은 당연한 덕목이고, 적당한 자신감은 읽는 사람에게 청량감을 더해준다.

특히 오히려 어설프게 성공한 경험을 한껏 자랑한 글을 보고 '교만하다' 내지 '제 잘난 맛에 사는 친구라서 뽑아도 일찍 퇴사할 것 같다'며 싫어하는 사람들이 있다는 점에서, 일부러 자신의 허점이 어떤 점임을 명시하고 그 부분을 어떻게 개선하여 직무와의 적합성을 발전시켜 나갈 것인지를 담담히 서술해 나갈 필요가 있다.

자기소개서의 연결 :
면접의 키워드로 활용하라

나아가 서류전형에 합격한 이후, 생각보다 자기소개서의 내용을 면접 과정에까지 연결하지 않는 경우가 많이 보인다. 구직자가 회사에 대해 잘 모르듯 회사도 구직자를 모르기에, 면접관은 당연히도 그가 쓴 이력서와 자기소개서에 기반하여 질문한다는 기초적인 상식을 그들 또한 알고 있을 터임에도 말이다.

필자는 과거 언론사 재직 시절, 이런 주제의식의 명확화 내지 컨셉화를 '야마'라는 은어로 배웠다. 단순 화재 사건·사고 리포트라도 '불이 났습니다'라는 사실관계를 보여주는 것 이상으로, '불이 왜 났는지'를 설명할 수 있다면 기사의 '야마'가 분명해진다는 식이다.

이런 '야마'의 개념을, 구직자들이 면접장에서까지 직접 언급하지 않는 경우를 마주하게 되면 무척이나 아쉽다. 자기소개서를 통해 들여다본 A라는 사람의 이미지는 참 신선하고 좋았는데, 막상 면접장에서 본 A라는 사람은 그 키워드를 제대로 유도하고 연결하지 못하고 있다면 실망감이 배가되기 마련이다.

그러기 위해서는 적당히 뻔뻔할 줄도 알아야 한다. 무례하지 않은 선에서, 면접자가 질문을 서너 번 한다면 그중 한 번 정도는 일종의 역질문을 가져가는 방법이 대표적인 예다. 자신이 받은 질문의 공통점이 무엇인지, 이를 통해 회사가 면접에서 테스트하려는 자신의 능력이 어느 것인지를 파악해 관련성이 있는 역질문을 한다면 면접자에게 좋은 인상을 남길 수 있다.

또 자기소개서에 직무 연관성이 있으면서도 '상대방이 궁금해할 만한 내용'을 전략적으로 작성할 필요가 있다. 자신이 여기나 저기나 천편일률적으로 소위 '복사+붙여넣기'식 지원을 한 것이 아니라는 점을 어필할 수 있으면서도, 면접관이 그 궁금한 부분을 질의하도록 유도하여 미리 계산과 준비가 끝난 답변을 내놓는다면 적어도 채용에 마이너스가 되지는 않기 때문이다.

이처럼 수많은 지원자 가운데서 돋보인다는 건 '신선함'의 개념에서 다른 사람보다 튄다는 것이 아니라, '진부함'으로 비출 수 있는 것들을 덜 진부하게 포장할 수 있는 능력에 있다고 필자는 확신한다.

항상 명심하라. 아무리 세상이 변했어도, 회사는 자신이 통제 가능한 영역 안에서 자유롭게 뛰노는 인재를 원하지 그 바깥을 호시탐탐 엿보는 사람을 좋아할 수가 없다. 이 지점에서, 청년 구직자도 회사가 생각하는 '통제 가능한 영역'을 자기 또한 인지하고 있다는 점을 일부러라도 어필하여 동감(同感)의 전략을 세울 필요가 있다.

실무자 해설

◎ **경력직 이직을 위한 가이드**

최근 기업들의 채용 키워드는 '경력직 선발'과 '수시채용'으로 볼 수 있다.[14] 이처럼 경력직 채용 수요가 많은 편이지만 경력직 지원자들은 생각보다 자기소개서, 경력기술서 작성을 어려워하는 편이다. 취업준비생의 경우 취업을 집중해서 준비할 수 있지만 경력직의 경우 이력서를 작성해 본 지 오래되었고 바쁜 업무 중에 경력기술서를 작성하는 것은 어렵기 때문이다.

필자도 외국계 기업과 대기업에 경력직으로 이직하였으며 인사팀에 재직하면서 여러 경력직 지원자들의 경력기술서와 자기소개서를 검토한 바 있다. 경력직 이직이 많아진 요즘, 필자의 경험을 토대로 경력직 채용에 도움이 될 만한 내용을 먼저 소개하고자 한다.

경력직 채용에서는 자기소개서보다 경력기술서를 더욱 중요하게 보는 편이다. 경력기술서에서 강조된 직무 키워드가 회사에서 요구하는 경험과 직무에 부합한다면 다른 지원자들보다 경쟁력 있는 지원자가 될 수 있다. 이를 위해서는 채용 공고를 집중해서 살펴볼 필요가 있다.

· · · · · · · · ·
14 한국경영자총협회(경총), '2023년 신규채용 실태조사' 결과 기업들이 채용시장 트렌드로 '경력직 선호 강화'(53.4%)와 '수시채용 증가'(47.8%)를 가장 많이 꼽았다. 2023.4.20.자 보도자료.

채용 공고에는 회사가 원하는 직무 경험과 역량이 직접적으로 기재되어 있기에, 채용 공고의 주요 내용을 경력기술서의 주요 키워드나 목차로 설정해 두면 회사가 요구하는 바가 무엇인지 잘 파악하는 인재로서 인상을 남길 수 있다.

또 최대한 성과를 객관화할 수 있도록 반드시 수치를 기재해야 한다. 앞선 글의 레퍼런스 체크에서도 주요 질문 사항은 '성과 창출 여부'이다. 업무경험이 많이 있더라도 해당 업무에서 어떠한 역할을 했는지, 결과는 어떠했는지를 기재하지 않는다면 역량 검증이 어렵고 신빙성이 떨어지기 때문이다. 따라서 업무경험을 수치화하거나 해당 업무의 결과를 기재해 주는 것이 중요하다.

무엇보다 중요한 것은 위의 직무 경험, 역량과 성과에 대한 설명은 반드시 목차와 키워드를 중심으로 작성해야 한다는 것이다. 아무리 훌륭한 경력을 쌓았어도 채용담당자가 인지하지 못하면 아무 소용이 없다. 그러므로 가독성 없는 줄글은 지양하고 목차와 키워드, 숫자를 통해 채용담당자가 중요한 내용을 놓치지 않도록 작성해야 한다.

한편 이러한 경력기술서는 면접에서 활용된다는 점을 명심하며 작성해야 한다. 면접 시 자기소개에서는 자신의 주요 경력을 위주로 풍부한 경험을 어필하고, 해당 업무에서 어떠한 역할을 했는지 자신 있는 태도로 구체적으로 답변한다면 경력직으로서의 전문성은 충분히 전달할 수 있을 것이다.

면접관이 경력기술서 내용에서 이미 전문성이 충분히 검증되었다

여기면 경력에 대한 내용보다 장기 재직이 가능한지, 직장생활 적응이 가능한지를 중심으로 질문을 하게 된다. 힘들게 뽑은 직원이 얼마 되지 않아 회사를 떠난다면, 업무 인수인계도 어려워지고 업무 히스토리가 단절되어 악영향을 미치기 때문이다.

지원자 또한 '일단 이곳을 떠나자'는 마음으로 이직을 준비하기보다는 앞으로의 커리어, 근로조건 등을 꼼꼼히 따져 신중히 지원해야만 회사와 지원자 모두 만족할 만한 결과를 만들게 될 것이다.

따라서 경력직 이직을 도전한다면 ①채용 공고를 제대로 파악하여 그에 맞는 경력을 키워드 중심으로 구성하고 ②업무경험뿐 아니라 담당한 역할 및 수치화된 성과를 기재해야 한다. 마지막으로 ③경력직의 경우 더 나은 조건의 회사를 신중하게 결정해야 하기에 장기 재직할 곳을 선정하여 지원해야 한다.

◎ **신입사원 입사를 위한 가이드**

지원자 수가 적고 이력서와 경력기술서의 내용이 중요한 경력직 채용의 경우 채용서류를 꼼꼼히 살펴보는 반면, 지원자 수가 많고 입사 후 육성을 염두에 두는 신입사원 채용의 경우 '허수'를 제거하는 것이 중요한 부분이라고 할 수 있다. 그래서 경력직 채용과 신입사원 채용에 있어 입사지원서의 작성 포인트는 다르다.

경력직에서는 '성과 창출 능력'과 '전문성'이 자기소개서의 주요 포인트라면, 신입사원 입사에서는 '지원하는 회사와 직무에 대한 관심과 이해'가 주요 포인트이다. 이 회사가 어떤 회사인지, 지원한 분야가 무엇인지도 모르고 일단 '취업이 급하니 찔러나 보자'라는 식의 지원자를 걸러내는 것이 신입사원 입사 서류전형의 주된 목표라고 볼 수 있다.

신입사원 자기소개서의 일반적인 첫 번째 질문은 '이 회사에 지원하신 동기는 무엇인가요?'이다. 이 질문을 받을 때 당장 취업이 급한 사람은 작성하기 쉽지 않다. 자신의 적성과 관심, 커리어에 대한 구체적인 계획, 이를 위한 진지한 도전 경험이 부족하기에 '어린 시절', '가족 관계'를 언급하며 설명이 장황해진다.

반면 자신의 적성과 직무, 커리어 계획이 분명하여 진지하게 도전한 지원자의 경우 마치 경력직 지원자와 같이 경험을 중심으로 구체적인 수치를 기재한다. 심지어 회사에 대한 깊은 관심을 가지고 있어 인터넷 검색만으로는 알 수 없는 회사의 연혁들이 언급되기도 한다. 이처럼 신입사원 채용에서는 첫 번째 질문인 '지원 동기'만으로 지원자를 추려낼 수 있다.

두 번째 일반적인 질문은 '어려움을 극복한 경험'이다. 이와 관련하여 많은 지원자가 어학연수나 외국 경험을 어필하는 경우가 많았다. 해당 질문으로 얻고자 하는 주요 포인트는 '어떤 어려움에 도전하여 무엇을 얻었는지'인데, 단순히 '외국에 다녀왔다'는 알맹이 없는 경험을 단순 나열식으로 기재하여 필자로 하여금 당황하게 만든 자기소개서도 있었다.

예컨대, 지원자 A의 경우 "외국에서 너무 외로워 우울했으나 정신력으로 이겨냈다."라는 것이 주된 내용인 반면, 지원자 B의 경우 "부끄러움이 많은 성격이나 용기를 내어 외국에서 바자회를 개최하였고, 영어가 서툴렀으나 특별한 방법으로 어떤 물건을 얼마치 팔아 성황리에 마쳤다."는 내용을 기재하였다고 가정하자.

두 지원자 모두 어려움을 극복한 측면에서는 동일해 보이지만, 회사는 영리 집단이기에 '무엇인가를 창출해 내는 인재'가 필요하다는 점에서 이미 스토리라인이 만들어져 집중도가 높은 지원자 B의 경험에 더욱 눈길이 가기 마련이다.

물론 지원자의 스펙이 훌륭한 것은 분명하지만 다른 지원자들과 특별한 차이를 어필하기 어렵다. 또한 단순 스펙 나열은 정보 전달에 불과하여 자칫 자신을 과대 포장하려는 것으로 비추어질 수 있어 유의해야 한다. 이 점을 유념한다면 자기소개서에서 강조할 점은 스펙이 아니라 스토리라인이라는 것을 이해하기 쉬울 것이다.

마지막으로, 신입사원 자기소개서도 경력직 지원자들과 마찬가지로 목차와 키워드 및 구체적인 수치를 기재하는 것이 필요하다. 신입사원 지원자 수는 상당히 많다. 채용담당자는 지원자의 간절한 마음을 생각하여 줄글로 작성한 내용을 읽어내지만 결국 기억에 남는 내용은 많지 않다.

반면 목차와 키워드로 가독성을 높인 글은 채용담당자로 하여금 중요한 내용을 놓치지 않게 하여 좋은 인상을 남긴다. 이에 더해 지원자의 경험에 대한 구체적인 수치를 기재하는 것은 내용에 신빙성을 더하는 훌륭한 방법이다.

참고로 목차, 키워드, 수치화는 서류전형 통과에서만 중요한 것이 아니라, 입사 후 업무 보고를 할 때 상당히 중요한 포인트이다. 바쁜 임원들에게 짧은 시간 내에 핵심적인 내용을 간략하게 설명하는 것은 매우 중요한 역량이기 때문이다.

혹자는 '엘리베이터 탑승 시간 내에 핵심 내용을 전부 설명할 수 있는지'가 중요하다고 할 정도이다. 이러한 배경을 고려할 때, 서류전형에서부터 중요한 내용을 쉽게 전달하는 방법을 보여준다면 서류전형통과가 훨씬 수월해질 것이다.

정리하자면, ①지원하는 회사와 직무에 대해 정확하게 파악하고 해당 직무에서 달성하려는 나름의 커리어 목표를 제시하고 ②직무와 관련 경험을 단순히 스펙 나열식이 아니라 목차, 키워드, 수치화를 토대로 스토리라인을 형성한다면 좋은 결과를 얻을 수 있을 것이다.

면접의 기술

구조적 면접과 비구조적 면접

'열 길 물속은 알아도 한 길 사람 속은 모른다'는 말은, 어떤 사람을 재단하는 일이 대단히 어렵다는 사실을 일찍이 깨달은 성현의 지혜가 담긴 격언이다. 사람은 언제나 합리성을 가지고 논리적 추론에 따라 행동하는 것이 아니기에, 일종의 '추세(Trend)'를 파악하고 자신이 원하는 방향으로 설득해 같은 목표로 가는 동행으로 삼는 것이 인사관리의 A to Z라 해도 과언이 아니다.

직원의 선발 과정에서 그를 테스트하기 위한 면접 내지 인터뷰는 대단히 짧은 시간적 한계와 언어적 커뮤니케이션을 통한 피상적인 방법적 한계라는 이중의 난제를 가지고 있다. 어떤 사람을 평가하기 위해서는 오랜 시간이 필요할뿐더러 특정한 부분뿐만 아니라 다양한 측면을 모두 고려해야 하지만, 애석하게도 기업에겐 구직자를 속속들이 파악할 만한 시간적 여유가 충분히 주어지지 않는다.

다만 이는 구직자의 입장에서도 마찬가지다. 본저를 읽는 청년 구직자들 또한 면접 자리에서 하고 싶은 말을 다 하지 못해 아쉬운 감정을 느끼고 또 그로 인해 최종 탈락의 고배를 마신 경우가 한 번쯤은 있을 것이다. '자기 PR의 시대'라는 표현은 다소 고리타분하지만 여전히 유효한 개념이기 때문에, 구직자로서는 '수많은 지원자들 중 나를 선택해야 하는 이유'를 어필해야 하기 때문이다.

한편으로는 면접 과정에서 역(逆) 평가가 나타나기도 한다. 구직자는 면접자라는 회사의 대리인을 통해 기업과의 '궁합'을 평가하며, 특히 실무면접 전형에서 만나게 되는 면접자들은 채용 이후 직속 상사가 될 가능성이 큰 만큼 이들의 스타일을 파악하는 것이 향후 빠른 적응에 큰 도움이 되기 때문이다. 하지만 그들의 입장에서도, 길어야 1시간 남짓의 시간 동안 충분한 정보를 얻기는 역부족이다.

이러한 면접 전형의 복잡성에 근거하는 한계를 극복하고자, 최근에는 다양한 방법을 통해 기업과 구직자가 서로를 조금 더 알아갈 수 있는 방법을 선택하고 있다.

'구조적 면접'의 붕괴

기업이 선발 면접 질문을 구성할 때, 가장 고민되는 지점은 "무슨 질문을 할까?"라는 기본적인 물음에서 출발한다. 앞서 살펴보았듯 면접은 그 시간적인 한계로 궁금한 모든 질문을 던질 수 없기에, 평가자는 한정된 시간 내에 가장 효율적인 물음으로 구직자의 됨됨이를 알아내야 하기 때문이다.

때문에 작금에 이르기까지 대부분의 면접에서, 평가자는 사전에 여러 요인을 고려하여 구성을 완료해 둔 질문 그리고 그에 대한 '모범답안'을 가지고 면접에 임하게 된다. 이를 조금 어려운 말로는 '구조적 면접(Structured Interview)'이라 하는데, 말 그대로 면접의 내용이 이미 구조화되었음을 나타낸다.

구조적 면접의 최고 장점은 여기에서 나온다. 특히 대기업일수록 다수의 면접자를 두고 많은 인원을 동시에 채점하게 되는데, 동일 질문과 답변을 미리 마련함으로써 개별 면접자의 취향이나 주관의 반영을 최소화하고 '기업의 인재상'이라는 하나의 기준점 하에 선발의 수준이 고르게 반영될 수 있기 때문이다.

다만 그 한계도 분명하다. 구직자가 100명 있으면 100명이 다 각자의 매력을 가지고 있음에도 한정된 방식의 답변만을 얻어낼 수 있기에, 구조적 면접을 오랜 기간 시행해 온 기업은 천편일률적인 인재만이 모여들게 된다. 말 그대로, 다양성이 떨어지는 것이다.

이 문제는 최근에 와서 매우 심각한 부작용을 나타내고 있는데, 기업 외부 환경으로부터의 취약성이 대두된다는 점이 바로 그것이다. 보유한 인재가 특정 분야에만 강한 사람들 위주이다 보니, 기존의 경제적·기술적 패러다임이 변화하여 다른 분야가 대두되었을 때 회사가 유연하게 이에 대처하는 능력이 상대적으로 떨어질 수밖에 없다.

게다가 기업의 생애주기 모형이라는 개념에서도 다양성에 기반한 확장 전략이 여전히 유효한 상황에서, 새로운 분야를 파고 들어갈 때 '해당 기업 문화에 이미 익숙하면서도 그 분야를 아는' 내부인을 찾지 못해 기업 문화를 전혀 알지 못하는 외부 인력을 갑작스레 수혈해 와야 한다는 점이 장기적으로 기업의 발목을 잡을 수도 있다.

이런 점을 모두 고려하여, 앞으로 회사와 청년 구직자들에게는 새로운 개념의 면접을 통해 '보편성'과 '다양성'을 모두 고려할 수 있는 대안적인 방법을 고민해야 할 과제가 있다. 빅데이터나 AI를 접목한 과학적 방법으로 맞춤형 질문을 내놓는 방법부터, 전통적인 면접 방식이 아니라 구체적 문제를 주고 이를 개인 또는 팀 단위의 지원자들에게 해결하도록 해 그 과정을 평가하는 방법 등이 개발되고 있다.

일시적 면접에서
탈피하는 회사가 되어야

  좀 극단적으로 말해, 과거의 면접은 '기도 메타'에 가깝다. 기업이 준비한 한정된 질문은 제대로 구성되기도 애초에 어렵고, 설령 열심히 탐구하여 제대로 만든 질문지로 사람을 뽑았더라도 이를 통해 측정하지 못한 다른 부분에서 심각한 결함이 발견될 수도 있기 때문이다. 기업은 그저 자신이 뽑은 직원이 훌륭한 사람이기를, 상당 부분 운에 맡기는 불확실한 채용을 진행해 왔다.

  때문에, 기업으로서는 한 번의 면접으로 그의 모든 면을 파악하려는 것이 애초에 불가능한 것을 깨닫고, 이를 다양화하여 그 타당성을 높이기 위한 발상의 전환이 필요하다.

  가장 먼저, '면접의 대상'을 어떻게 정할 것이냐를 결정해야 한다. 소위 '합격자의 n배수'로 정하는 면접 대상의 풀(Pool)을 늘릴수록 학벌 · 자격증 등 정형적인 평가에 기댄 '스펙형 인재'보다는 '실무형 인재'를 뽑을 가능성은 늘어나지만, 면접관이 점쟁이도 아니고 인재를 못 알아볼 가능성이 있다는 양날의 검을 항시 생각해야 한다.

  대상을 정하면 '면접의 방법'을 고려해야 한다. 앞서 살펴보았듯 구조적 면접의 한계로 인해, 최근에는 자유롭게 할 말을 할 수 있게 하는 '비(非)구조적 면접'이나 양자를 섞은 '반(半)구조적 면접'이 대세로 떠오르는 추세다. 특히 반구조적 면접에서는, 공통 질문 몇 개를 던진 뒤 각 채용 분야별 관리자들이 자신의 팀에서 가장 중요시하는 질문을 어느 정도 반영하여 실무와 딴판인 인재를 걸러낼 수 있다.

나아가, 채용의 단계를 분화하는 방법이 있다. 앞서 소개한 '일경험 프로그램'과 같이 졸업을 앞둔 인재를 미리 기업의 문화에 길들여 그중 최적임자를 선발하는 채용전환의 방법도 있고, 꼭 그렇지 않더라도 '시용' 내지 '수습'의 기간을 두어 비교적 장기의 평가를 할 수도 있다. 물론 부족한 부분이 나타난다고 곧바로 근로자를 해고할 수는 없지만, 기간제 근로계약 등을 통해 그 RISK를 분산하는 것 또한 가능하다.

적극성과 객관성을 담보한 구직자가 되어야

이는 반대 입장에 선 구직자들에게도 동일하다. 기업은 자신의 상황이나 취향 등을 고려하여 위 채용 전략을 짜기 때문에, 같은 산업군에서도 특정 기업에서는 A 유형의 구직자가 유리하고 다른 기업에서는 B 유형의 구직자가 유리할 수 있다는 전략적인 지점을 항상 고려하면서 채용절차에 임해야 한다.

특히 면접을 포함한 채용 과정이 피상적인 부분이 많기에, 그 과정 동안 개인의 진짜 실무적인 업무능력을 평가하는 것은 대단히 제한된다는 점 또한 명심할 필요가 있다. 이런 한계 때문에라도, 기업은 "지금 시점에서 일을 얼마나 잘하는가?"를 담보하는 스펙이나 자격증 등에 더는 속지 않기 때문이다. 게다가, 학생 시절에 아무리 좋은 평가를 받아 봐야 산업현장에서 요구하는 기술의 수준은 그보다 한참 상회하는 경우가 부지기수다.

그렇기에 더 중요한 것은, '내가 앞으로 얼마나 개선될 수 있는가?'를 보여주는 것이다. 여기에서 가장 중요한 것은 '적극성'이다. 물론 너무 잘난 인재는 결국 일찍 이직한다는 기업의 생각이 틀린 말은 아니지만, 적어도 그가 재직 중인 '서비스 타임' 동안 굳이 시키지 않아도 알아서 계발해 나가는 직원은 선택의 1순위에 설 수밖에 없다.

다음으로는 '소통 능력'이다. 아무리 일을 잘해봐야 소위 '외골수'형 인간은 조직생활에서 좋은 평가를 받기 힘들다. 게다가 요즘같이 지식의 양이 방대한 시점에서, 개인이 아무리 잘나 봐야 '집단 지성'을 이길 수도 없다. 부족한 부분을 빨리 받아들이고 타인에게 자신의 강점을 전파할 수 있는 영향력은 언어적 능력을 포함한 커뮤니케이션 스킬에 기반할 수밖에 없다.

마지막으로 '객관성'이다. 적극성과 소통 능력이 좋다 해도, 앞만 보고 달리는 '경주마형 인재'는 한계가 있다. 주변 경쟁자나 동료의 페이스를 항상 살피며 나아갈 수 있는 사람, 자신과 자신이 속한 조직의 현재 위치가 어디인지를 알고 그 장·단점을 고려하여 객관적인 판단을 내릴 수 있는 사람은 남들보다 쉽게 지치지 않는다. 기업은 예나 지금이나 오랜 시간 함께할 사람을 찾기에, 이런 객관성에 기반한 지구력 좋은 구직자는 언제나 환영받을 수 있다.

상기의 점을 모두 활용하여 청년 구직자도 기업도 서로가 가진 패를 오히려 아낌없이 내보이면서 진정성 있는 소통을 한다면, 기업은 장기 재직하는 실무형 인재를 얻을 수 있을 것이고 일하는 청년은 그 가운데 자신의 업무 역량과 경쟁력을 향상시킬 수 있는 선순환의 구조에 다다를 수 있을 것이다.

실무자 해설

면접도 없이 취업을 했다는 소식을 듣는다면 취업 사기를 의심할 정도로, 면접은 선발에 있어 보편적이며 필수적인 절차로 인식된다. 그러나 면접은 평가오류를 유발하는 심리적 요인들[15]이 작용하며 단시간 안에 채용 의사결정을 해야 한다는 점에서 결과의 타당성과 신뢰성에 한계가 있다. 나아가 면접에서는 얼마든지 자신을 포장할 수 있기에 면접으로 인재를 선발하는 것은 상당히 어려운 일이다.[16]

실제로 입사 이후 '면접에서 본 그 사람이 맞는지' 의심할 정도로 돌변한 지원자들의 사례들을 접하기도 하였고 면접에서 장기근속을 약속했던 것과 달리 입사 후 얼마 지나지 않아 퇴사하는 경우가 발생하는 등 면접전형은 실무적으로도 그 결과에 확신을 갖기 어려운 경우가 많다.

◎ 구조적 면접의 도입과 한계

이에 많은 기업은 면접의 효과를 향상시키기 위하여 끊임없이 노력해왔다. 평가오류를 유발하는 심리적 요인을 제거하기 위해 면접관 교

....

15 예컨대 후광효과(Halo Effect), 대비효과(Contrast Effect) 등이 면접의 신뢰도를 저하시키는 요인으로 꼽힌다.

16 매거진한경, "인사담당자 83% "면접으로 인재 선별 어렵다"…이유는 '지원자의 포장·과장'", 2019.11.11.자 기사.

육을 실시하고 표준화된 질문을 통한 구조적 면접으로 신뢰성과 타당성을 확보하는 것이 초기 노력이라고 볼 수 있다. 이러한 노력은 면접의 객관성과 공정성을 향상시키고 채용절차법상의 이슈를 방지하는 효과를 가져왔다.

그러나 구조적 면접은 커뮤니케이션 능력이나 지원자의 실제 성격 등 서류에 나타나지 않은 무형의 정보를 얻으려는 면접의 목적과 효과가 저해되었으며 또한 각종 취업정보 사이트에서 대기업 면접 질문 목록뿐 아니라 모범답안까지 공유되면서 좋은 인재를 선발할 수 있는 변별력이 낮아지게 되었다.

그뿐만 아니라, 평가오류를 제거하기 위한 면접관 교육에도 불구하고 기존의 편향된 인식을 단기간에 바꾸기란 어려운 일이며 면접관 교육을 수료한 인원을 충분히 확보하는 것도 어려워 어쩔 수 없이 면접관 교육을 수료하지 않은 면접관이 면접에 참여하는 상황이 발생하였다. 이로 인해 평가오류를 완전히 제거할 수 없는 한계가 있었다.

◎ **구조적 면접의 진화 : 면접 족보 맹신은 금물**

이러한 한계에 부딪히자 기업들은 구조적 면접에 대한 개발 및 보완뿐 아니라 새로운 검증 방식들을 도입하고 있다. 필자가 경험한 바에 따르면 회사는 구조적 면접을 보완하기 위하여 취업정보 사이트 등에서 공유되고 있는 면접 질문 항목들을 파악하여 변경하고 있으며 면접관 교육 커리큘럼을 간소화하고 면접관 인원을 확대하고 있다.

나아가 기존의 구조적 면접에 비구조적 면접을 더한 반(半)구조적 면접의 형태를 장려하기도 하는데, 그룹 차원의 구조적 질문 항목을 바탕으로 각 계열사가 질문 항목을 자체적으로 추가하거나 변경할 수 있도록 허용함으로써 해당 계열사의 실무와 조직에 적합한 인재 채용이 이루어지도록 하였다.

따라서 시중에 공유되는 면접 질문과 모범답안을 맹신하여 준비한다면 실제 면접장에서 당황하여 낭패를 볼 수 있으니 유연한 대응과 커뮤니케이션 능력을 발휘할 수 있도록 면접을 준비해야 하며, 특히 기술 면접에 대해서는 해당 계열사에 더욱 큰 자율성을 부여하고 있는 만큼 예상하지 못한 답변에 대해 유념하여 면접을 준비해야 할 것이다.

◎ 새로운 패러다임 : 검증 방법의 다변화

면접의 효과를 향상하기 위한 회사의 노력에도 불구하고, 기존의 면접 방식으로는 우수 인재를 분별하기에 여전히 한계가 있고 회사도 이를 잘 알고 있다. 특히 정보 보안이 중요한 구조적 면접의 경우, 이미 공유된 모범답안이 난립하면서 변별력이 더욱 떨어질 수밖에 없을 것이다.

이에 따라 회사는 채용연계형 인턴, 레퍼런스 체크와 같은 방식을 통하여 인재 검증의 시간과 절차를 강화하였다. 특히 필자가 속한 계열사에서는 면접으로는 알 수 없었던 실무적인 능력과 인성, 조직 적합성을 확실히 파악할 수 있었기에 채용연계형 인턴에 대한 만족도가 상당히 높은 편이었다.

또한 코로나19 시기 이후 대면 면접이 어려워지자 다수 기업이 온라인을 이용한 화상 면접을 진행하였다. 온라인 면접은 비언어적 커뮤니케이션을 감지하기 어려운 한계가 있었으며 기존의 대면 면접 방식과 차별화된 부분이 없었다. 이에 화상 면접을 활용하되 지원자 검증은 더욱 강화할 목적으로 AI 면접을 도입한 기업들이 많아졌다.[17]

인사담당자에게는 면접 방식의 공정성과 객관적 평가 지표와 결과가 중요한데, AI 면접은 이러한 요소들을 상당 부분 충족시켜준다. 물론 구조적 면접에서도 정량적 측면의 평가항목과 정성적 평가도 가미하는 등 공정성과 객관성을 담보하고자 노력하지만, AI 면접은 평가자의 심리적 요인에 따른 평가오류가 개입되지 않는다는 점에서 더욱 매력적이다.

이처럼 회사는 예전처럼 '척 보면 딱이다'라는 식의 비구조적 면접 방식에서 벗어나 구조적 면접으로 나아갔고, 구조적 면접에서 드러난 문제들을 보완하고 개발하는 차원을 넘어서서 이제는 새로운 검증 도구를 추가하는 방식으로 양질의 인재를 확보하고자 노력하고 있다. 그 노력의 결과가 채용연계형 인턴십 활용, 레퍼런스 체크 및 AI 면접으로 나타났다.

. . . .

17 동아일보, "AI 면접, 600여 기업 채용 과정에 도입··· 화상인터뷰로 표정-억양 분석해 점수화", 2022.5.2.자 기사.

이러한 흐름을 고려할 때 앞으로의 채용 방식은 현재처럼 마치 고시생처럼 취업준비생이 열심히 준비하여 취업에 성공하는 방식이 아닌, '직무에 실제로 얼마나 관심이 있으며 어느 정도의 역량을 갖추고 있는지'를 검증하는 방식으로 전환될 것이다. 따라서 면접 그 자체를 위하여 노력하는 것이 아니라, 직무능력 향상을 위하여 노력하는 것이 우선 과제가 되어야 함을 명심하여야 할 것이다.

합격 통보

근로계약 체결 전 서로 준비할 것들

회사 생활 중 가장 기분이 좋았던 순간, 아마도 합격 통보 연락을 받은 시점이 아닐까? 필자의 경험에 비추어 보면 합격 그 자체에서 오는 성취감은 물론이고, 입사 이전에만 가질 수 있는 다소 비현실적이기까지 한 경력 경로에 대한 청사진까지 머릿속에 그리는 그 시점이야말로 누구에게나 기쁜 순간일 수밖에 없다.

다만 이런 순간을 단순한 기쁨으로만 여기며, '합격 턱'을 낸다며 친구들과 술자리만 만들어서는 곤란하다. 기업으로부터 합격 통보를 받았다는 것은 곧 이후에 이어지게 될 근로계약 즉 회사와 자신의 의무를 정하고 이를 이행하기 위한 준비가 분명 필요한 순간이라는 의미이기도 하기 때문이다.

특히나 취업 직후 신입사원의 퇴사가 만연한 현재의 풍토를 잘 살펴보면 더욱 그 중요성은 배가된다. 이하 '퇴사의 결심' 섹션에서 자세히 살펴보겠으나, 대다수의 청년 신입사원들이 퇴사하는 이유는 위에서 설명한 '취업 직전의 청사진'과 전혀 다른 근로조건을 마주하는 경우에 발생하기 때문이다.

이에 청년에게도 기업에게도, 채용 전형이 마무리되는 '합격 통보 이후, 실제 채용 이전'의 기간은 비교적 짧은 시기임에도 불구하고 많은 잠재적 리스크에 대응할 수 있는 기회가 될 수 있다.

구체적 채용 통보는 오해를 줄인다

앞서 「채용절차법」 관련 섹션에서도 살펴보았지만, 채용 통보는 법적 의무일뿐더러 그 법이 적용되지 않는 30인 미만 사업장에도 사실상 필수적인 과정이다. 법적인 용어를 살짝 빌리자면, 구인광고(근로계약 청약의 유인)를 보고 채용에 응시(청약)하여 심사 결과 특정 구직자를 채용하기로 약속하는(확약의 통보) 과정이 있어야 그 사람을 출근하게 만들 수 있음은 당연하기 때문이다.

다만 많은 사업장에서, 청년에게 '축하합니다. 귀하께서는 0000년도

㈜○○○ 신입사원 공개채용에 합격하셨습니다'라는 자동 발송 문자와 함께, 최소한의 구비 서류를 갖추어 '○○월 ○○일 ○○시까지 어디로 출근하시기 바랍니다'라는 통보만을 하는 경우가 많다.

이런 통보 자체가 불법이라거나 그 자체로 문제가 된다고 말하기는 어렵다. 다만, 계약 체결과정에서 생기는 잡음이나 경기 침체에 따른 정식 출근 전 '채용취소'와 같은 이슈가 현존하는 것을 고려한다면 기업 또한 혹시 모를 법적 이슈에 대비하기 위해 합격자에게 보다 구체적인 내용을 안내할 필요가 있다.

여기서 구체적 내용이라 함은, 흔히 말하는 '근로조건' 중 특히 중요한 부분에 있다. 기업 대다수가 채용 과정에서 구인광고에는 임금이나 근로시간 등 주요 근로조건을 '내규에 따름'이라는 말로 뭉뚱그리고 있는데, 적어도 스스로 선발한 합격자에게만큼은 이런 내용을 사전에 통보할 필요가 있다.

특히 이른바 '포괄임금제'나 '고정OT'[18]와 같이, 통상 기준인 주 40시간보다 많은 근로시간을 기준으로 임금을 임의 산정하여 연봉으로 제시하고 있다면 오해의 소지가 발생할 수 있다. 이 경우 임금총액도 중요하지만, 그 액수가 소위 '영끌'한 총액인지 통상의 근로에 기반한 금

....

18 주 40시간을 초과하는 실근로시간에 따라 책정하는 고정OT제도와 달리, 포괄임금제는 실근로 여부와 무관하게 '뭉뚱그려' 지급하는 방법으로 임금 지급의 예외적 방식이다(대판 2010.5.132. 선고, 2008다 6052 판결). 그러나 포괄임금제가 유효하게 도입될 수 없는 사업장임에도 인건비 관리의 용이성을 들어 오·남용되는 사례가 많아, 2023년 현재 고용노동부에서 광범위한 기획 감독을 실시 중이다.

액인지를 설명해야 구직자도 납득할 것이다.

노무사가 이런 말을 하면, 회사 중 몇몇은 '그런 안내를 받고 출근을 안 하면 어떻게 하냐'는 걱정을 한다. 하지만 그런 생각으로 '깜깜이식 채용'을 했다가, 오히려 하루라도 출근한 이후에 퇴사하게 되면 더 큰 문제가 발생할 수 있다.

근로조건이 광고와 다르다는 이유로 인한 「채용절차법」 위반 문제 같은 법정 공방까지 갈 것도 없이, 당장 입사자가 곧바로 퇴사하면서 추가로 발생하는 선발 과정의 공백은 돈으로 환산하기 어렵다. 동시에 각종 취업정보 사이트에 가감 없이 올라오는 '기업 평가'로, 회사는 숫자로 치환하기 어려운 이미지 타격을 입을 수도 있다.

┃ 최소한의 설명회 유무, 장기근속과도 연결된다

기업이 사람을 뽑아놓고도 면접만으로 그 사람이 누군지 제대로 알지 못하는 것처럼, 청년 구직자 입장에서도 자신이 가게 될 회사가 어떤 회사인지를 제대로 알 수는 없다. 이는 직무상의 만족도와 직결되는데, 만일 자신이 기존에 계획했던 직업적 청사진을 만족시킬 수 없다면 장기적으로 퇴사는 명약관화한 일인 만큼 서로 최소한의 정보를 공유하는 것은 필수적인 일이다.

이에 적지 않은 회사에서 이른바 RJP(Real Job Preview)라는 개념으로, 신입사원을 대상으로 사내문화나 그가 담당하게 될 직무상의 개요를 설명하는 별도의 자리를 가지기도 한다. 특히 합격자를 대상으로 단순히 그가 제출해야 할 절차상의 서류 등을 안내하는 것뿐만 아니라, 선제적으로 회사소개서와 같은 자료를 보내 최소한의 정보를 지득하고 첫 출근을 할 수 있도록 하는 경우들도 보인다.

이런 방식은 예비 신입사원에게 불필요한 '미지의 공포'를 줄여줌과 동시에, "회사가 신입사원을 단순 소모품으로 여기지 않는구나."라는 최소한의 안도감이 들게 해주는 일이다. 사실 소개서를 보내는 일이 그다지 어렵지도 않은데, 소위 '비용 대비 성과'라는 측면에서 이것만큼 구직자의 환심을 사기 쉬운 일도 없다고 필자는 생각한다.

우리에게 전혀 낯선 개념도 아니다. 사실 돌이켜 보면, 대학 입학 당시 합격자가 모두 정해지면 학교 차원에서 입학식 전 '새터' 내지는 'OJT' 행사를 열어 신입생들에게 최소한의 소속감을 심어주는 행사를 개최하곤 한다. 학원가에서도 전문직 자격증 취득자에게 이런 식의 설명회를 개최하고, 지역 잡페어(Job Fair) 등에서도 비록 합격자 대상은 아닐지라도 기업의 특장점 등을 소개하는 것은 예삿일이다.

회사와 신입사원이라는, 서로 걸어온 배경도 가치관도 다른 두 개의 세계는 필연적으로 충돌하고 불만이 발생할 수밖에 없다. 그러나 그 충돌의 강도만큼은 이러한 사전 노력을 통해 충분히 조절할 수 있다는 점에서, 기업 또한 보다 적극적으로 자신의 이미지를 구직자 및 합격자에게 선보일 필요가 있다.

‖ 채용 시 필요서류는 최소한으로

여기에 합격자를 대상으로 제출을 요청하는 각종 서류가 과다하지 않도록 관리할 필요성도 대두된다.

필자가 언론사에 입사하였던 지난 2015년에만 하더라도 회사에서는 구직자에게 생소한 신원보증서, 이른바 '인(人)보증'을 요구했다. 이는 혹시라도 근로계약 존속 중 근로자의 책임으로 인한 회사의 피해에 대하여 일종의 연대 보증을 지우는 개념인데, 물론 현실적으로 그 보증을 이행토록 하는 경우는 드물겠으나 근로자에게는 충분히 부당하다고 느낄 만한 요소가 된다.

특히 신원보증서의 내용에 업무상 고의·과실로 인한 사고 발생 시 특정 금원을 배상하도록 하는 내용이 있다면 이는 위법이다. 「근로기준법」 제20조에서는 근로계약의 불이행에 대한 위약금이나 손해배상액을 사전에 예정하는 계약을 금지하며, 위반 시 500만 원 이하의 벌금형에 처해질 수도 있는 명백한 위법사항이기 때문이다.

과거 「산안법」상 개념으로 있었던 채용 시 신체검사와 관련하여서도,

'채용취소'를 목적으로 한 신체검사서 수집은 법적 리스크를 발생시킬 수 있다. 특히 업무수행과 무관한 질병 등을 이유로 채용취소를 한다면 그 정당성을 인정받기도 어려울뿐더러, 심지어 그 이유가 개인의 선천적 장애로 인한 것이라면 「장애인차별금지법」상의 문제까지도 발생할 수 있기 때문이다.

범죄 이력 조회도 대다수의 경우 법적으로 문제가 된다. 우리 법제에서는 개인의 범죄경력이나 수사경력을 민간이 조회하는 것을 원칙적으로 금지하고 있기 때문이다(「형의 실효 등에 관한 법률」 제6조 제1항). 따라서 공무원의 임용이나 아동·청소년 관련 교육시설, 의료기관 등 법으로 정해져 있는 특별한 경우를 제외하면, 일반적인 직장에서 근로자에게 '범죄 이력 조회서를 떼 오라'고 하는 것 자체가 불법이다.

특히, 위와 같은 서류의 제출은 반드시 「개인정보보호법」에 따라 합격자 개인의 동의하에 이루어져야 한다. 이에 많은 기업이 개인정보 제공 및 이용에 관한 동의서를 사전에 받아두고 있으며, 정부 차원에서도 이러한 이슈를 보다 구체적으로 설명하기 위해 지난 2023년 1월 『개인정보 보호 가이드라인(인사노무편)』을 발간하기도 했다.

채용취소는 최후의 수단,
해고에 준하는 정당성 필요

회사의 여러 사정으로 이미 합격 통보를 한 근로자의 합격을 무르는, 소위 '채용취소'가 발생하는 사례도 생각보다 적지 않다.

다만 여기서 심각한 지점은 채용취소를 쉽게 생각하는 기업이 많다는 것이다. 아직 근로계약서를 쓰지 않았으니 마음대로 잘라낼 수 있다고 생각하는 경우도 부지기수고, 단순한 업무 변화 등 '마이너한 사정'만으로 충분히 가능하다고 생각하는 담당자들도 많다.

하지만 법에서는 분명하게, 채용취소는 근로계약 내정상태를 일방의 의사로 취소하는 것인 만큼 일반적인 해고 사유보다는 정당성이 넓게 인정되나, 역시 합리적이고 객관적인 사유가 있어야 한다고 명시하고 있다.[19] 여기에는 졸업예정자가 졸업하지 못한 경우, 주요 경력이나 학력이 허위기재된 것을 발견한 경우, 입사 전 교육이나 연수 참가 등 직무수행을 위하여 필요한 절차를 합격자가 임의로 이행하지 않은 경우 등의 사정에 준하는 상황이 동반되어야 한다.

만일 이러한 정당성 있는 이유가 인정되지 않는 상황에서, 단순히 "사장님이 반려했다."라거나 "원래 뽑으려 했으나, 인건비 부담 때문에

....
19   대법원 1993.9.10. 선고, 92다42897 판결 등.

포기한다."는 등의 이유로 채용취소를 통보한다면, 그 자체가 부당해고의 고지에 해당하며 향후 노동위원회 판단 등에 따라 원직 복직 및 '채용예정일로부터 판결일까지의 임금 상당액'을 지급하라는 강제성 있는 판단을 받게 될 수도 있음에 주의하여야 한다.

특히 그중에서도 경영악화로 인한 채용취소는 그 자체가 일종의 '정리해고(「근로기준법」 제24조의 경영상 해고)'에도 해당하게 되는 만큼, 사용자가 경영상 어려움에 대하여 객관적인 자료 등으로 증빙할 수 있는 경우가 아니라면 부당해고로 판단될 이슈가 많다는 점 또한 고려할 필요가 있다.[20]

....
20 다만 이에 대해, 하급심에서는 이미 정리해고의 정당성이 인정되는 상황에서 재직자 대신 채용내정자에게 채용취소 통보를 한 경우 정당성을 인정한 사례가 있다(서울고법 2000.4.28. 선고, 99나41468 판결 등).

실무자 해설

채용담당자들이 자주 하는 이야기 중 하나가 "뽑을 사람이 없다."는 말이다. 언뜻 보면 이해가 되지 않겠지만 '홍수 속에 마실 물 없다'는 속담과 같이 지원자는 많지만 선발해야 할 포지션에 부합하는 인력이 부족해 구인난에 시달리고 있다.[21]

게다가 각종 구인 사이트에 지불하는 비용, 지원자를 선발하기 위한 절차에 드는 시간, 비용, 노력 등을 고려하면 직원 한 명을 선발하는 것은 보통 일이 아니라는 것을 알 수 있다. 이렇게 힘들게 선발한 직원이 한 달도 지나지 않아 퇴사하면 회사의 손실은 이만저만이 아니다.

◎ 회사가 준비하는 것들 : 온보딩(Onboarding)을 위한 노력

그래서 회사는 신규 인력이 잘 적응할 수 있도록 '온보딩(Onboarding)'에 신경 쓰고 있다. 온보딩이란 신규입사자가 조직에 잘 정착할 수 있도록 지원하는 것을 말한다.

예컨대 신규입사자의 부모님께 회사를 대표하는 웰컴 기프트와 감사 메시지를 작성하여 전달하는 것을 시작으로 신규입사자에게 웰컴

----

21   주간한국, "취업난인데 구인난… 심화되는 '일자리 양극화'"; 사람인 HR연구소 설문
     조사 결과 적합한 후보자가 없어 어려움을 겪었다는 응답이 57.4%였다. 2023.03.26.
     기사.

키트 제공, 멘토링 배정, 워크샵 및 타운홀 미팅과 각종 이벤트 진행, 그룹 단체 교육 등 다양한 프로그램을 제공한다. 회사마다 정도의 차이는 있으나 일부 대기업 계열사는 신규입사자에게 회사 주변 맛집 지도, 인트라넷 사용법, 심지어 전화 받는 방법까지 매뉴얼로 정리하여 제공하기도 한다.

이처럼 회사들이 온보딩을 중요하게 여기는 이유는, 신규입사자가 입사 초기에 경험하는 것들이 향후 회사에 대한 로열티와 장기 재직에 영향을 줄 수 있기 때문으로 보인다. 즉, 신규입사자가 입사 초기 좋은 경험을 한다면 조직 이탈을 방지하는 것은 물론 동기부여와 사기가 진작되어 더욱 빠르게 조직에 적응하고 성과를 나타내는 효과가 나타날 것이다.

그러나 온보딩은 단순히 동기부여 향상과 로열티 확보에 제한되는 것이 아니라 직무 적응을 위한 부분까지도 포함하는 개념이다. 특히 경력직 신규입사자의 경우 즉각적인 성과를 보여주어야 한다는 부담을 안고 입사하였기에 로열티 향상보다는 업무를 잘 수행할 수 있도록 어느 부서에서 어떤 정보를 얻을 수 있는지, 기존 업무의 히스토리는 무엇인지 등을 상세히 알려줄 수 있도록 조치하는 것이 중요하다.

그러나 대기업은 기존에 온보딩 운영 방식을 공채 제도하에서 신입사원의 이탈을 방지하고 로열티를 향상시키기 위한 목적에 초점을 두었으며 오랜 시간 동안 공채 제도가 이어져 온 탓에 경력직은 적응에 더 큰 어려움을 겪을 수밖에 없다.

일례로, 공채 선후배 간에는 편하게 대화하고 '선배님', '후배님'이라 호칭하며 업무 요청이나 문의도 쉽게 할 수 있으나, 경력직의 경우에는 회사의 기존 직원들 일부가 '어떻게 하는지 보자'는 식의 텃세를 부리기도 하고 회사에서도 많은 기대감을 품고 채용한 인재인 탓에 약간의 실수에도 용납되지 못하는 경우가 있어 조직 이탈에 영향을 주기도 한다.[22]

이에 주요 대기업이 공채 제도를 폐지하고 수시채용으로 전환하면서 상대적으로 소홀했던 경력직의 온보딩에 주목하고 있다. 그룹 차원에서 각 계열사가 경력직 온보딩 프로그램이 제공되고 있는지를 점검하면서 경력직 온보딩 프로그램의 수립과 실행을 위해 지원하고 있다. 예컨대, 신입사원에게만 필요한 것으로 인식되었던 멘토링 제도를 경력직에게도 적극적으로 도입하거나 경력 설계, 네트워킹의 기회를 제공하고 있다.

정리하자면, 다수의 기업은 인재 확보에 초점을 두고 있으나 신규입사자의 적응과 안착에 소홀하게 된다면 애써 뽑은 인재가 금방 퇴사하여 다시 채용에 시간과 비용이 소모되는 악순환이 발생할 수 있다. 따라서 기업들은 온보딩 프로그램을 제대로 갖추는 데 소홀해서는 안 되며 수시채용으로 전환되는 시대이기에 앞으로는 경력직 온보딩에 더욱 주목하여야 할 것이다.

....

22 동아비즈니스리뷰, "경력 인재 잘 뽑으면 끝? 그다음이 문제다", 2018. 12월; 경력직의 조직 적응에 대한 어려움은 필자의 경험과 주변 사례로도 확인할 수 있었다.

◎ 신규입사자가 준비할 것들 : 오픈 마인드(Open Mind)

회사와 신규입사자는 아직 서로에 대해 충분히 알지 못하는 상태로 마주하게 된다. 기껏해야 1시간도 채 되지 않는 면접이 전부이기에 서로 알아갈 시간이 필요하다. 그 과정에서 신규입사자는 혼자이기에 낯설고 두려운 마음이 들 수 있다. 그러나 신규입사자도 열린 마음으로 회사를 이해하려는 노력이 필요하다.

회사의 조직문화는 단기간에 쌓아 올려진 것이 아니라 기업의 역사 및 구성원들의 공유 가치와 신념 등 다양한 요소들의 결과물이다.[23] 따라서 신규입사자의 스타일과 회사의 조직문화가 다르다는 이유로 막연히 회사를 비판만 한다면 당연히 그 조직에서는 적응하지 못하고 이탈하게 될 것이다. 따라서 최소한 입사 초기에는 조직문화를 이해하고 적응하면서 어려운 점을 부드럽게 제시하려는 노력이 필요할 것이다.

또 신규입사자가 입사하는 과정에서 인사담당자가 충분히 신경 쓰지 못한 부분들이 있을 것이다. 조직문화나 R&R에 대한 부분, 심지어 근로조건에 대한 부분들에 대해 충분한 설명이 이루어지지 못한 채 입사한 경우도 있을 수 있다. 이러한 문제에 대해 즉각 불만을 품고 다시 이직을 알아보기보다는 인사담당자 내지는 직속 상사와 하나씩 차근차근 풀어나가려 노력한다면 불필요한 오해와 갈등으로 퇴사하는 것을 방지할 수 있고 회사에 적응하여 안착하는 데 도움이 될 것이다.

. . . .

23 샤인(E. H. Schein)의 조직문화 계층체계론은 잠재적 수준에서부터 가시적 수준의 세 개의 계층으로 체계화하여 설명하면서 조직문화를 개개인의 마음속 무의식적이고 무형적 요소로부터 상징물에 이르기까지 다양한 요소들로 이루어진 총괄적 개념으로 설명하였다.

재직(在職) 중 꿀팁

PART 2

인턴·시용 그리고 수습

잘못된 만남을 피하기 위한 기회

　적어도 우리나라에서의 대학은 좋은 사업체로의 취업을 위한 '취업 사관학교'로 변질된 상태임은 자명하다. 특히 다수의 지방대학에서는 학령인구 감소에 따른 폐교를 면하기 위해 '취업률 전국 1위' 등 문구로 경쟁력을 어필하고 있으며 서울의 이름 있는 학교도 그 문제에서 자유롭기 어렵다. 학생들 또한 취업에 유리한 전공을 선택하는 추세로, 과거 학교의 이름값만이 존재했던 시대와 달리 '학교마다 밀어주는 학과'의 인기가 올라가고 있는 이유도 여기에 있다.

　이러한 흐름에도 불구하고, 어느 학교 어느 전공이냐가 반드시 입사 이후의 직무능력과 비례하지 않는다는 점은 입직 관리의 어려움을 대변하는 주요 이슈 중 하나다. 학점도 거의 만점에, 공인 영어성적도 최상급이며 수많은 자격증과 대외활동을 한 '완벽한 인재'를 막상 뽑아 일을 시켜보니 기대만큼 하지 못하는 경우가 많기 때문이다.

이러한 문제를 해결하기 위해 경력직 채용이 증가하는 추세임은 앞서 끊임없이 언급하였지만, 그렇다고 신입을 전혀 채용하지 않을 수도 없는 노릇이다. 특히나 가치 있는 경력직의 숫자는 정말로 제한적이기에, 이들을 목 빠지게 기다리다가 회사가 정작 때를 놓치게 된다면 그만큼 실패한 인사관리 전략도 없을 것이다.

때문에, 회사에서는 이제 막 학교에서 벗어난 신입사원의 채용 리스크를 줄이기 위하여 여러 가지 방법을 선택하고 있다.

인턴십 : 기업 문화와의 Fit까지 고려한 장기적 채용 전략

'채용연계형 인턴'이라는 개념은 필자가 대학생이었던 2010년 전후에도 이미 널리 알려져 있던 개념이다. 기업에서는 아직 일을 해본 적이 없는 신입사원의 채용으로 인한 리스크를 줄이기 위하여, 애초에 임금을 주고 일을 시키는 '근로계약'의 형태가 아니라 견습생처럼 일을 배우는 일종의 교육 프로그램으로 인턴십을 활용하고 있다.

특히 인턴십은 규모가 큰 기업에서 널리 애용해 오고 있는 제도다. 기업은 일종의 사회공헌 내지는 자사 PR의 목적까지를 포함하여 인턴 제도를 운용한다. 청년층의 업무 파악 및 적응을 돕고, 채용에까지 이른다면 좋겠으나 그렇지 않더라도 사내문화를 경험하였던 그들이 사회로 돌아가 그 소비자의 위치로 갔을 때 좋은 이미지를 심어 대외적 시선의 차원에서도 손해 볼 일이 없기 때문이다.

광의의 인턴십 개념에는 실업계고 졸업예정자를 대상으로 하는 현장 실습이나, 기업과 학교가 적극적으로 제휴하여 산학협동 연구나 업무를 시행하는 것까지 포함되는 만큼 이제 채용절차에서 인턴이라는 개념은 우리에게 너무나도 익숙한 방식이 되어버렸다.

다만 인턴십 제도를 지나치게 악용하는 경우 또한 눈에 보인다. 기업이 말 그대로 '잠재적 채용자를 위한 시험'의 개념으로 임하는 것이 아니라, 사실상 정규 직원들과 동일·유사한 강도의 업무를 부여하여 사실상의 근로자처럼 쓰고 시간이 지나면 방출하는 사례가 있다. 이는 특히 업무의 복잡성이 떨어지는 1차 산업이나 제조업·단순 서비스업 등에서 많이 발견된다.

거기에 채용과 연계된다고 해놓고 여러 가지 이유를 들어 "올해는 합격자가 없다."는 등 발뺌하거나, 채용하더라도 짧은 단위의 기간제로 채용하거나 인턴십에서 담당한 업무와 전혀 무관한 분야로 채용하는 것 또한 인턴십 제도를 형해화하는 일 중 하나다.

그러다 보니 청년 구직자에게 '인턴'이라는 개념은 썩 좋은 인상을 주기가 어렵다. 여전히 누구나 선망하는 몇몇 대기업의 채용이 보장된 경우가 아니라면, 이들에게 인턴십이란 사실상 '열정페이'를 강요하면서 자신의 젊은 노동력을 착취하기 위한 수단으로 변질되었음을 알면서도 울며 겨자 먹기로 선택하는 옵션 중 하나로 인식될 뿐이다.

시용과 수습 : 채용 직전 '기본 됨됨이'를 보는 단기적 전략

다만 이런 인턴십 제도는 기업으로 하여금 재정적으로 적지 않은 부담을 발생시킨다. 이제 막 일을 처음 배우는 청년들이 소위 '밥값'을 하기도 어려운데, 제도 운용을 위하여 적어도 인사팀의 몇 명은 인턴십 기간에는 해당 업무에 많은 역량을 할애하여야 하는 만큼 여유가 없는 중소규모 사업장에서는 이를 감당하기가 쉽지 않다.

그러다 보니, 이들 사업장에서는 본채용에 앞서 '시험 삼아 사용하는', 즉 시용(試用)의 개념을 도입하기에 이른다. 일반적으로 '수습 기간'이라는 용어로 우리에게 익숙하게 알려진 이 방법은, 정직원으로서 채용하기 전 일정한 기간을 두고 업무를 부여하고 이를 수행하는 모습을 평가하면서 본채용의 여부를 결정하는 것을 말한다.

실무상으로는 수습과 시용이 혼용되나, 실제의 개념은 다르다. '시용'

은 '시용 근로계약'과 '본 근로계약'이 아예 분리된 형태로, 통상 3~6개월 정도의 기간제 근로계약을 최초 체결한 뒤 그 기간 만료 시점에 본채용 개념의 근로계약을 체결한다. 수습은 최초에 정규직으로 채용하기에 하나의 근로계약만 존속하나, 그 최초 3개월 남짓을 '수습 기간'으로 하여 본채용 거부의 시간적 말미를 두는 방법이다.

사업주에게는 '시용'이 다소 유리하다. 애초에 계약이 분리되어 있으므로 계약만료와 함께 본 근로계약을 체결하지 않는다면 그만이기 때문이다.[24] 반면 '수습'은 유효한 계약을 그 기간 중 일방의 의사로 해지하는 해고임이 명백하며, 보통의 해고 사유보다는 폭넓게 인정되더라도 시용 해지에 비해 근로자 입장에서 다툴 구석이 많은 것이 현실이다.

하지만 인턴십과 마찬가지로, 기간제 시용 또는 수습계약을 체결하겠다는 사업장에 청년 구직자가 좋지 않은 시선을 보내는 것은 어쩔 수 없는 현실이다. 채용에 이르기까지 지나친 경쟁 절차가 필요하고, 심지어 열심히 노력했음에도 비합리적인 사유로 채용 불가 통보를 받는다면 부당해고를 다투더라도 근로자에게는 심리적 그리고 시간적인 손해가 분명히 발생할 수밖에 없기 때문이다.

....

24 물론, 본채용에 이를 수 있으리라 기대되는 수준이 객관적으로 인정되는 이른바 '정규직 전환 기대권'이 인정되는 경우 법원은 이러한 계약만료 형태의 사용관계 종료 또한 광의의 해고로 판단함(대법원 2016.11.10., 2014두45765 판결 등).

올바른 '본채용 전 단계'의 정착을 위하여

따라서 본서를 찾아주신 독자들에게는 위와 같은 제도 악용의 전철을 밟지 말라는 권고 아닌 권고를 드리면서, 결국 사람 관리는 최소한의 상호 신용의 문제임을 강조하고 싶다.

사람을 쓴다는 것은 단순히 비용만으로 판단할 수 없는 복잡한 문제이며, 회사와 근로자 간의 신뢰 관계라는 보이지 않는 측면까지 고려해야 한다. 상식적으로, 몇몇 사업장처럼 인턴이나 수습을 습관적으로 '쓰다 버리는' 사업장이 대외적으로도 대내적으로도 어떤 평가를 받을지는 자명하다.

인턴십은 말 그대로 장기적 차원에서 관리해야 할 핵심 직무로 국한시켜 '10년을 함께 갈 동업자'를 구한다는 개념으로 접근해야 한다. 그렇지 않은 직무의 경우 인턴십 운영의 비용이 그로 인한 편익보다 훨씬 클 수 있기 때문이다. 시용·수습 제도를 적용하더라도 지나치게 오랜 테스트 기간은 감정과 신뢰를 소모시키는 만큼, 적당한 수준의 기간을 상정하여 최소한으로 운영해야 한다.

제대로 된 평가제도의 도입 또한 이 과정에서 필수적이다. 시용·수습계약의 해지는 '해고의 정당성' 판단과 직결되는 만큼, 단순히 "일을 제대로 못 한다."라는 추상적 개념을 넘어서 "어떤 부분을 얼마나 못

한다."라는 객관적 증명이 있어야 한다. 이에 평가의 항목을 나누고 2인 이상의 평가자를 두어 최소한의 객관성을 확보한 상태에서 그 본채용 또는 채용 거절 여부를 결정할 필요가 있다.

실제로 수습 후 본채용 거부로 인한 부당해고 구제신청은 기업에서 생각하는 것 이상으로 비일비재하고 일반적인 일이다. 현실적으로 많은 기업이 자체 시스템이나 담당 인력의 부재로 제대로 된 평가를 하는 경우가 드물기에, 충분한 근거자료가 없는 한 평가 자체의 부실로 인하여 부당해고로 이어지는 경우가 많다는 리스크를 고려해야 한다.

다만 청년 근로자도, 본채용이 아니라고 하여 책임감 없는 모습을 보여서는 안 될 것이다. 수습 기간을 두고 업무 테스트를 시키는데도 "제가 할 일 아닌데요." 식으로 피해 나가거나, 수습 여부를 알고 근로계약서를 써놓고서도 막상 일하다 보니 페이가 적다거나 주요 업무를 시키지 않는다는 이유로 일방 퇴사를 통보하는 무책임한 모습을 보이지는 않아야 할 것이다.

결국 '채용 전 단계'는 이름만 다를 뿐, 본질적으로는 회사와 근로자가 서로를 알아가며 잘못된 선택을 하지 않으려는 노력의 연장 선상이다. 서로가 최소한의 예의로 서로를 대한다면, 굳이 어려운 인적자원관리 용어를 쓰지 않더라도 신뢰에 기반한 사용관계를 구축할 수 있을 것이다.

실무자 해설

기존의 채용전형은 일반적으로 서류전형과 두 번의 면접으로 최종 합격자를 가리는 방식이었다. 그러나 앞서 살펴보았듯, 짧은 시간의 면접으로는 지원자가 얼마든지 자신의 부족함을 감출 수 있고 나아가 자신의 경력을 부풀리거나 속이는 것도 가능했기에 많은 지원자들 중 옥석을 명확히 가려낼 수 있는 추가적인 인재 검증 방안의 하나가 필요했다.

이 중 하나가 바로 채용연계형 인턴십이라고 할 수 있다.

◎ 회사 : 선발 도구로서의 채용연계형 인턴십

실무적으로 채용연계형 인턴십은 채용 후 수습 기간과 활용 목적이 다르다. 수습기간은 신입사원을 채용한 이후 적용되는 사실상의 교육 기간이자 향후 인재 활용 방안을 계획하고 업무를 명확하게 부여하려는 측면이 강하다.

이에 비해 채용연계형 인턴십은 채용 그 자체의 일환으로 활용하려는 목적이 강하다.[25] 따라서 인턴들의 역량을 확인할 수 있도록 다양한 프로그램들을 시행하고 업무 태도나 인성을 보다 심층적으로 확인함

....
25 물론 채용연계형 인턴십 중 인턴 전원이 정규직으로 전환되는 경우도 있으나, 정규직 전환 기대권을 고려할 때 향후 채용절차로 활용하기 어려워질 수 있어 인턴 전원을 정규직으로 전환하는 경우는 점점 줄어들고 있다.

으로써 회사에 적합한 인재를 가려내는 수단으로 활용된다.

필자 소속 회사에서 실시한 채용연계형 인턴십을 예로 들면, 필자는 인턴들에게 난도 높은 새로운 업무를 어느 정도로 빠르게 이해하고 수행할 수 있는지 판단하고자 하였다. 이를 위해 인턴들에게 연차휴가 산정 방법을 교육한 이후 실습하도록 하였으며 그 과정에서 인턴들의 질문 수준, 직무에 대한 흥미, 해결 속도, 실습 결과물로 역량 수준을 상세히 파악할 수 있어 채용 여부를 판단하는 데 큰 도움이 되었다.

또한 채용연계형 인턴십 기간에 개별 인턴사원의 스트레스 대처 능력, 회사 시스템과 보고 체계에 대한 이해 수준, 업무에 대한 분석력 등 면접에서는 확인할 수 없었던 부분들이 3개월간의 인턴 기간 중 드러나게 되었다.

이에 실제로 당초 채용연계형 인턴십 면접 전형을 1등으로 합격한 지원자가, 인턴십 기간 중 저조한 퍼포먼스를 보여 결국 정규직 전환 선발에 탈락한 경우가 발생하기도 했다. 만약 단순 면접으로만 채용을 결정했다면 회사에는 좋지 않은 결정이었겠으나, 채용연계형 인턴십을 통해 지원자가 감출 수 없는 부분들이 드러나 적합한 인재를 채용하게 되었다.

이렇게 선발된 인원은 채용연계형 인턴십 기간 중 쌓은 간접 실무 경험으로 인해 즉시 채용된 인원보다 실무에 빠르게 적응하고 회사 분위기를 파악한 상태에서 업무를 담당하기에 조직문화 적응도 수월하여 장기근속 가능성이 높은 편이다. 실제로 L그룹 채용담당자 워크숍에서 공유된 바에 따르면, 채용연계형 인턴십을 수료하여 입사한 신입사원이 인턴십 과정 없이 입사한 신입사원보다 근속기간이 길었다고 한다.

또한, 인턴십 참여자 중에는 다른 기업에 복수 지원하는 경우도 있기에 인턴십 기간 중 중도 이탈자가 발생할 수 있다. 즉, 정식 채용을 하였다면 입사한 지 얼마 지나지 않아 퇴사하는 상황을 방지하는 효과가 있다.

이처럼 채용연계형 인턴십은 면접으로 확인할 수 없었던 지원자들의 모습을 심층적으로 파악할 수 있으며 입사 이후 장기 근속할 가능성이 크다는 효과가 있기에 앞으로도 여러 기업에서 꾸준히 활용될 전망이다.

◎ **청년 구직자 : 채용연계형 인턴 참여 시 유의할 사항**

한편, 청년 구직자가 채용연계형 인턴십에 도전하여 정규직 전환에 실패하더라도 다른 기업에 입사 지원을 한다면 상당한 도움이 될 것이며, 실무 경험을 통하여 본인의 적성을 파악하고 커리어를 계획하는 데도 상당히 도움이 될 것이기에 회사도 지원자도 만족할 만한 제도로 보인다. 따라서 채용연계형 인턴십 참여의 기회가 주어진다면 적극 활용하고, 그 과정에서 한 단계 발전하는 기회로 삼는 것을 추천한다.

다만, 회사 임직원들은 평가자이자 장래의 상사라는 점을 명심하기 바란다. 종종 이를 망각하고 경쟁에 신경이 한껏 예민해져 회사에 대해 온갖 불평을 늘어놓는다거나, 과한 열정으로 인하여 회사 보고 체계를 무시한 채 업무를 수행하는 지원자도 있었다. 이는 회사 구조 및 인턴십 평가체계에 대한 이해 부족에 따른 것으로, 정규직 전환 이후의 상황을 생각해 본다면 이러한 실수를 저지르지 않을 것이다.

정규직으로 전환될 신입사원은 입사 이후 임원과 업무를 수행하는 것이 아니라 실무자와 업무를 수행한다. 이 때문에 인턴십 평가와 채용 여부 결정은 임원이 독단적으로 결정하는 것이 아니라 실무자 의견도 일정 비율 반영하도록 구성되어 있으며, 신입사원은 결국 실무자와 업무를 진행할 것이기 때문에 임원들도 실무자의 평가를 중요하게 여기는 경우가 많다.

이러한 정규직 전환 평가 구조와 회사의 운영 체계를 이해한다면 앞선 사례와 같은 실수를 저지를 일은 없을 것이다. 따라서 채용연계형 인턴십에 임하는 기간은 평가 기간임을 명심해야 할 것이며 궁금한 점이 있다면 과한 열정을 발휘하기보다 자신에게 배정된 멘토 혹은 실무 담당자에게 먼저 확인하여 회사 운영 체계와 조화로운 모습을 보이는 것이 필요하다.

◎ **피드백에 대한 진지한 고민의 흔적이 필요**

회사는 인턴에게 뛰어난 역량이나 성과를 바라지 않는다. 만약 회사가 즉각적인 역량과 성과를 발휘할 인재를 원했다면 인턴십을 진행할 것이 아니라 경력직을 채용했을 것이다.

특히 실무자는 자신을 뛰어넘는 역량의 소유자가 아니라 본인이 바쁘게 업무를 수행할 때 차분하게 상황을 파악하고 보완해 줄 준비가 된 부하 직원을 원한다. 즉, 자신의 업무 방향을 잘 이해하고 피드백을 반영하여 함께 업무를 완성할 수 있는 인재가 필요한 것이다.

따라서 채용연계형 인턴십 기간 중 멘토나 인사담당자의 피드백을 숙고하여 반영하는 자세를 취해야 한다. 피드백을 무조건 수용하는 것이 아니라 피드백을 진지하게 고민하면서 합당한 피드백이라면 반영하고, 그렇지 않다고 여기면 충분히 조사하고 분석하여 새로운 방법을 제안하는 노력이 필요하다는 것이다.

인턴 참여자의 피드백에 대한 진지한 태도와 그에 따른 노력이 보인다면, 해당 참여자는 단순히 일자리를 얻으려는 사람이 아니라 업무에 대한 진정성이 느껴지는 사람으로 인식되어 조직에 필요한 인재로 판단하게 될 것이다. 반면, 피드백에 대해 고민 없이 근거 없는 반박을 하면서 어려운 과제나 업무를 회피하는 모습을 보인다면 좋은 결과를 얻을 수 없을 것이다.

피드백에 대한 인턴 참여자의 반응과 태도도 중요하게 보는 요소가 될 수 있음을 기억하여 실무담당자와 멘토의 의견을 숙고하는 자세로 임하는 것이 채용연계형 인턴에서 좋은 결과를 얻는 데 도움이 될 것이다.

업무분장

효율성과 동기부여라는 '두 마리 토끼'

   명확한 지시는 기업이 목표를 달성하는 데 가장 중요한 요소 중 하나다. 근로계약의 특성상 근로자는 사용자가 '시킨 일'을 수동적으로 하는 존재일 수밖에 없으므로, 아무리 근로자의 직무능력이 높다고 하더라도 사용자의 업무 지시가 명확하지 못하다면 원하는 결과물을 얻어낼 수가 없기 때문이다.

   지시를 명확히 하려면, 대전제로 업무에 대한 명확한 정의가 필요하다. 회사 규모와 관계없이 절대다수의 사업체에서 영업팀, 구매팀, 기획팀 등 '분업(分業)'의 논리하에 업무를 나누고 각각의 분야마다 직무상의 강점을 가진 사람을 배정하는 이유 또한 여기에 있다.

이러한 소위 '업무분장'의 개념은 직원에게 최소한의 소속감을 더해줄뿐더러, 자신이 맡은 업무의 범위를 명확하게 인식하고 관련된 지식을 개발하는 데도 필수적이다. 아무리 똑똑하고 성실한 사람이더라도 모든 일을 다 잘하는 '올라운더'가 되기는 현실적으로 불가능한 세상에서, 서로 맡은 일만 열심히 해도 조직이 그 자체로 기능할 수 있는 효율적 시스템이 중요하단 말은 당연하다.

다만 최근 이러한 분업의 논리가 다소 약해지고 있다. 입시 제도부터 '융합형 인재'와 같은 개념이 중요해지고 회사에서도 전근대적 부서를 탈피한 '팀(Team)제'를 도입하는 이유는 그만큼 분업이 가져오는 부작용 또한 분명히 존재하기 때문이다. 효율성을 극대화하기 위해 분업의 정도가 강해지다 보니 서로 맡은 일이 아니면 하지 않으려는 소극적인 행동이 나타나며, 일의 결과에 대해 그 책임 소재를 논하느라 정작 중요한 과제를 외면하는 경우가 많아지고 있는 것이 그 예다.

이처럼 분업과 협업의 개념이 혼란스럽게 공존하는 사회에서, 우리 일하는 청년들 또한 비슷한 고민에 휩싸이고 있다. 여전히 '업무 전문성', 즉 하나의 분야를 꾸준히 파고들어 '스킬 레벨'을 올리는 것이 중요한 세상이지만, 한편으로는 다양한 분야를 돌면서 여러 가지 '서브 스킬'을 개발할 필요성 또한 존재하기 때문이다.

효율성이냐, 동기부여냐?

여기서 회사는 또 '효율성'의 문제를 논하게 된다. 냉정하게 말하면, 기업은 여러 개를 어설프게 잘하는 사람보다는 한 가지 일을 제대로 해내는 사람을 필요로 한다. 특히 업무의 전문성은 초창기에는 발전이 더디다가 어느 순간 소위 '아하 모먼트(Aha Moment)'를 지나 급격히 늘어나는 특성이 있어서, 모든 근로자에게 각각의 전문성 개발을 바라기는 어렵다. 심지어 장기근속이 흔치 않은 요즘에는 더욱 그렇다.

때문에, 회사에서는 검증된 소수의 '핵심 인력'이자 장기근속을 도모하는 직원에게 주요한 일을 맡기고, 그 외의 부수적이고 상대적으로 전문성이 떨어지는 업무는 단기근속 위주의 일반 직원에게 맡겨 효율성을 극대화한다. 이는 HR Architecture(Lepak&Snell, 1999)이라는 개념으로 경영학 특히 HRM 분야에서는 널리 통용되는 개념이다.

다만 인간이란 단순·반복적 업무에 쉽게 질리는 감정적인 동물인 동시에, 특히 그 업무가 조직 내에서의 중요성이 낮다면 스스로 업무 가치를 낮게 인식하면서 '지루함'의 원천이 되기도 한다. 이에 '전문직'의 경우 해당 업무만을 전담토록 하되 그 외의 업무는 '순환보직'의 원칙으로 일정한 기간 이후 업무를 변경하도록 하는 제도를 도입하는 절충형 방식을 선택하는 회사가 늘어나고 있다.

이는 큰 틀의 직무는 유지한 채 구체적인 담당 업무만을 바꾸는 소극적인 방법[26]과 직무 자체를 바꾸는 방법[27]으로 나뉜다. 담당 업무가 바뀌면 계약서를 새로 작성하는 등 원칙적으로 근로계약상 업무의 내용까지도 바꾸어야 하나, 대다수 회사에서는 '사무직', '외근직' 등 업무의 범위를 애초에 넓게 정하고 있다 보니 여기에서 오는 문제는 상대적으로 적은 편이다.

다소 강제적일지라도 순환보직제도를 시행한다면 직원이 기계적이고 반복적으로 일하는 데서 오는 '번아웃'이나 그로 인한 동기부여의 저하 등을 일차적으로 막는 데 큰 도움이 될 수 있다. 나아가 이직이 자유로운 요즘의 시대에서 또 하나의 장점이 있다면, 특정 부서의 직원이 갑작스럽게 이탈하더라도 이를 경험해 본 다른 직원을 임시로 투입하여 업무의 공백을 최소화할 여유 또한 마련할 수 있다는 것이다.

개인의 경력 경로,
그리고 공정성에 대한 인식

다만 직원은 이에 대해 불만을 가질 수도 있다. 당장 특정 분야를 지망하면서 그 전문성을 쌓으려는 사람에게, 순환보직제도는 달가울 수 없는 시스템이다. 물론 전문성을 줄기차게 밀고 나가는 본인 같은 사람이 그렇지 않은 사람보다 적다 보니 회사로서 이를 시행할 이유는

....

26   예: 인사팀 소속은 그대로 두되, 채용 · 교육훈련 · ER 등 하위 직무를 나누어 순환하는 방법.
27   예: 인사팀 to 구매팀 등.

이해하면서도, 결과적으로 '하고 싶은 일'과 '하고 있는 일'의 간극 때문에 이직의 원인이 되는 것 또한 사실이다.

이는 특히 경력직이 주가 되는 현 노동시장에서 더욱 민감해지는 주제가 된다. 경력직 채용 공고는 '해당 업무 n년 이상 수행'을 요건으로 하고 있는데, 본인은 A라는 업무를 3년 하고 더 좋은 기업으로 이직할 요량으로 회사에 왔으나 본의 아니게 이동해야 한다면 앞으로의 커리어 자체에 장애물이 될 수 있기 때문이다.

거기에 내부 인사에 대한 불신 또한 제도에 저항하는 이유가 된다. 공정성이라는 이슈에 특히 민감한 청년 세대로서는, 사내에서 직원들이 대체로 선호하는 A팀에 배정받은 동기와 달리 왜 나는 비선호 직무인 B팀에 배정받았는지 그 자체를 궁금해한다. 혹여라도 회사가 그럴 듯한 이유를 대지 못한다거나, 실제로 단순·기계적인 순환 그 자체였다면 해당 직원은 반드시 반발하게 된다.

실제로 필드 노무사 업무를 하며, 직무 변경에 따른 스트레스를 호소하다가 '직장 내 괴롭힘' 신고로까지 발전하는 경우를 심심치 않게 보게 된다. 회사로서는 내부의 제도를 활용했을 뿐이고 누군가는 그 업무를 해야 한다지만, 직원으로서는 당장 단기적으로는 자신의 업무 적응 및 그로 인한 스트레스와 장기적으로는 커리어의 '잡탕화'를 걱정하다 보니 갈등이 발생하게 되기 때문이다.

이렇게 되면, 본래 회사가 꿈꾸었던 선순환으로써의 순환보직과 그로 인한 지속적인 동기부여라는 목표는 온데간데없고 오로지 반목과 분쟁 그리고 잠재적인 산재 이슈까지 직면하게 되는 부작용만이 남게 된다. 게다가 이런 문제는 해당 직원의 퇴사만으로 끝나는 것이 아니라, 그 일련의 과정을 옆에서 지켜보는 동료 직원들에게도 커다란 트라우마로 남게 된다.

충분한 사전 협의와 경력 경로의 공유가 문제 해결의 핵심

따라서 회사로서도 일하는 청년으로서도 그 부작용은 최소화하고 장점을 극대화하기 위한 노력이 필요하다. 필자는 그 첫걸음이자 최후의 수단은 '터놓고 말하는 것' 단 하나에 달려 있다고 생각한다.

회사는 "인사권은 사용자의 고유 권한이다."라는 과거의 유물 같은 말만을 되풀이하지만, 애석하게도 현시점에서는 반드시 유효한 말은 아니다. 심지어 스톡옵션 등 근로자의 경제적 경영 참여라는 상위의 개념은 아무렇지 않게 받아들이면서, 유독 인사권에만 민감하게 반응하는 회사들이 있는데 이는 크나큰 실수라고 언급하고 싶다.

이직의 자유가 보장되는 현실이라지만 일머리 있는 사람이 퇴사하게 되면 기업에는 큰 타격이기에, 기업은 어떻게 해서든 핵심인재를 붙잡고 주저앉히기 위한 전략을 골몰하게 된다. 다만 이를 위해서는 평소에 묵묵히 일만 하는 직원이 '진짜로 무엇을 원하는지'를 꼭 들어볼 필요가 있다.

직상급 관리자 또는 인사팀 담당자를 통한 꾸준한 사전 대화와 협의가 필요한 이유가 여기에 있다. 지금 불만을 표출하지 않는다고 불만이 아예 없는 직원이 있을까? 극단적으로 현실에 안주하는 경우가 아닌 이상, 젊은 직원들이 앞으로의 경력 경로를 미리 설계하고 있다는 걸 모르는 사용자가 있을까? 이런 간극을 메울 방법은 결국 서로 터놓고 이야기하는 방법뿐이다.

이에 신입사원이라고 "너는 시키는 일만 잘해."라는 Top-down식 전근대 리더십이 아니라, 앞으로 뭘 하고 싶은지를 적극적으로 물어 그 결핍을 채워주는 소통형 관리 방식이 무엇보다도 중요하다.

회사가 자기 말을 잘 들어준다면 설령 이번에 받은 업무가 마음에 들지 않더라도 그것만으로 퇴사라는 극약처방으로 이어질 확률이 크게 낮아질 수 있기 때문이다. 불만이나 문제가 있다면 가감 없이 털어놓아 향후 인사에서 다른 부서로 갈 수도 있고, 이러한 커뮤니케이션을 통한 상호 신뢰 향상으로 회사의 경쟁력이 강화될 수도 있다.

동시에, 가능하다면 개별 직원의 선호도나 전문성 등 특징에 맞추어 직무 설계 자체를 변화시키는 방법도 고려할 만하다. 이는 특히 소규모·중간 규모의 사업을 영위하는 청년 사업가에게 유효할 수 있는데, 능력이 좋은 사람에게 남들보다 많고 중요한 일을 맡기는 대신 확실한 지원(보상 포함)을 약속한다면 그 자체로 새로운 방식의 동기부여가 되고, 장기적으로 사업의 좋은 파트너가 될 수 있다는 점도 항상 고려하면서 업무분장을 고려할 필요가 있다.

실무자 해설

업무분장을 실시하는 기본적인 이유는 직원의 R&R[28]을 분명히 함으로써 처리해야 할 업무나 대응해야 할 이슈가 발생하는 경우 빠르고 정확하게 처리할 수 있도록 하기 위함이다.

만일 업무분장이 분명치 않다면 팀원 간에 서로 업무를 미루거나 상사의 결정이 있기 전까지 아무런 대처가 이루어지지 않아 처리가 늦어지기도 하고, 경영자가 오너십(Ownership)을 가지고 책임감 있게 업무를 처리하기도 어려워진다.

업무분장의 또 다른 이유로는 성과 평가가 있다. 분명한 R&R을 바탕으로 성과 목표를 설정하고 그에 따른 달성 수준을 평가해야 피평가자도 성과에 대해 납득하기 쉬울 것이다.

예를 들어 회사에서 MBO(Management By Objectives, 목표관리법)[29]를 평가 기법으로 활용한다고 가정할 때, 직원의 R&R이 분명하지 않으면 직원 본인의 성과 목표를 제시하기 어렵고 설령 목표를 제시하였다고 하더라도 그 결과에 대해 납득하기 어려운 상황이 발생할 것이다. 이처럼 업무분장은 회사의 기본업무 수행뿐 아니라 특별업무 수행, 나아

· · · · · · · · ·

28 Roll & Responsibility(역할 및 책임).

29 MBO(목표관리법)는 6개월 또는 1년의 기간 내에 달성할 특정 목표를 평가자와 피평가자의 합의에 의해 설정하고, 그 기간이 종료된 후에 해당 목표를 양적, 질적으로 달성하였는지를 평가하는 결과지향적 평가방법이다.

가 조직 성과의 달성을 위해 반드시 필요한 절차이다.[30]

그럼에도 불구하고, 업무분장은 당초 계획과 다르게 운영되는 경우가 상당히 많다. 그 이유 중 하나로 퇴사를 꼽을 수 있다. 부서에서 직원 한 명이 퇴사하면 해당 업무는 새로운 인력이 채용되기 전까지 누군가가 도맡아 수행해야 한다. 공백을 메우고자 새롭게 업무를 정의하고 나누는 과정에서, 동료 혹은 상사와의 갈등이 벌어지는 일도 잦다.

당초 회사는 직급이나 업무내용, 또는 직무의 난이도·중요도 등을 고려하여 업무분장을 하였기에, 퇴사로 인해 이러한 과정이 반복된다면 인원 충원 전까지 자신의 직급과 커리어에 맞지 않는 단순·반복 업무를 맡게 되거나 자신의 책임과 역량을 초과하는 업무를 맡게 되어 과도한 업무 부담이 발생할 수 있다.

그래도 높은 책임과 역량을 요구하는 직무를 맡게 된다면 성장과 학습의 기회로 여기거나 회사로부터 신임을 얻고 있다는 생각으로 만족스러워할 수 있다. 이와 같은 상황에서는 상사도 업무를 담당할 것을 요청하는 것이 상대적으로 편하다.

· · · · · · · · ·

30 필자가 재직한 외국계 기업 및 대기업 다수 계열사에서는 모두 MBO(Management By Objectives, 목표관리법)를 평가 기법으로 활용하였기에, 회사에서 부여한 R&R이 분명치 않더라도 평소 본인의 R&R을 스스로 정립해보는 것이 성과평가표 작성에 도움이 될 것이다.

◎ 단순 · 반복 업무를 부여해야 하는 경우 주의할 사항

이에 반해 업무 난도가 낮고 원치 않는 업무를 담당해야 한다면 여러 갈등 상황이 발생하고 팀 분위기도 저하된다. 가치가 낮은 업무를 부여받은 팀원은 좌천성 인사라 여길 수 있고 업무도 과중해지기에 직원의 불만이 높아지는데, 심지어 인원 충원이 늦어지거나 없다면 또 다른 퇴사를 불러올 위험도 있다.

이에 따라 업무를 나누는 팀장 내지 중간 관리자의 커뮤니케이션 능력이 상당히 중요해진다. 일방적으로 업무를 부여한다거나 은근슬쩍 떠넘기는 방식은 팀을 위기에 빠뜨리는 최악의 방식이라고 할 수 있다.

예컨대, 팀장이 "이 업무가 매우 중요하기에 너에게 맡긴다."라거나 "네가 중요한 직원이기에 맡긴다."는 식의 미사여구를 붙여 업무를 배정하여도, 이미 '잡무'를 부여받은 것으로 느끼는 해당 직원에게는 그저 급박한 상황을 모면하려는 팀장의 회피성 발언으로 느껴질 뿐이다.

여기에 자신을 소모품처럼 다룬다는 생각이 더해져 불만족은 더욱 커질 것이고 결국 "근로계약서 내용과 현재 업무가 다르다."는 주장도 펼치며 부당전직 이슈로 발전할 수 있다. 따라서 일방적인 지시나 거짓된 상황 전달은 당장 업무 진행에는 도움이 될지 몰라도, 자칫 팀이 분열이 발생하는 계기가 될지 모르므로 주의해야 한다.

필자의 경험상 이러한 상황에서 가장 중요한 것은 향후 계획을 투명하게 전달하고 약속을 지켜 신뢰를 쌓는 것이다. 이 업무를 부여할 수밖에 없는 상황을 솔직하게 전달하고 인원 충원은 언제부터 할 것인지, 업무가 과도해지는 경우 어떻게 도와줄 것인지를 구체적으로 공유할 필요가 있다.

또 약속에 그치는 것이 아니라 실제로 약속한 바를 이행한다면 오히려 회사에 대한 직원들의 신뢰가 높아져 더욱 끈끈한 팀워크를 형성하게 될 것이다. 그렇게 된다면 앞으로의 업무수행의 유연성과 팀 성과 향상 및 퇴사를 방지하는 계기로 작용하게 될 것이다.

휴가제도

법정휴가와 약정휴가, 그리고 '대휴'

사실 전근대적 의미에서의 근로계약이란 어쩌면 중세 노예제도의 껍질만을 갈아 끼운 것에 지나지 않았다. 18세기 산업혁명 초기 영국의 눈부신 발전 아래에는 평균 20세를 전후로 숨을 거두는 노동자 계급이 있었고, 이어지는 러다이트 운동과 같은 인권운동이 노동법이나 산업안전과 관련된 각종 법제를 만들어 내는 원동력이 되었다.

하지만 제도의 변화는 자본과 경제 논리를 이유로 항상 더디기 마련이었고, 약 2세기가 지난 지금도 "우리는 기계가 아니다."라는 故 전태일 열사의 외침 이래 노동현장에서의 휴식권과 건강권에 대한 이슈는 언제나 초미의 관심사로 대두되고 있다. 특히 윤석열 정부의 근로시간 유연화 입법 시도는 '총량'의 개념으로는 현상 유지 또는 오히려 현 규제보다 더 강화되는 측면이 있으나, 결과적으로 '일시적 과로'를 국가가 허가한다는 이유로 큰 난관에 봉착해 있는 상태다.

인사노무관리의 실무를 담당하고 있는 노무사로서, 그리고 고용노동부 정책자문단원으로서 이러한 논의는 우리 사회가 그만큼 '쉴 권리'에 얼마나 목말라 있는지를 보여주는 단적인 예라고 생각한다. 언제나 경제협력개발기구(OECD) 장시간 근로의 선두를 다투는 일 중독의 나라에서, 국민의 염원이 '이제는 과오를 반복하지 말자'는 선진국형 모델로 나아가자는 데 있는 것 같아 생산적인 논의가 반갑기도 하다.

다만 최근의 근로시간 유연화 정책에 대하여 청년들이 상당수의 언론 인터뷰에서 "현재 있는 연차휴가도 제대로 못 쓰는데, '일한 만큼 나중에 쉰다'는 말 자체가 신뢰가 가지 않는다."라는 답을 한 사실을 마주하면서, 우리 사회의 관행과 통념상의 한계 또한 적나라하게 마주하였다는 생각이 든다.

정부와 청년의 인식에 큰 간극이 생긴 것도 여기에서 비롯된다. 정부는 "연차휴가는 법적 권리인데, 당연히 다 쓸 수 있다."고 하지만, 현실적으로 이 말을 믿을 청년들이 얼마나 될까?

사업주의 위반사항에 대하여 노동청에 사후 진정하라는 말은 청년들에게는 그다지 의미가 없다. 이미 노동청에 달려갈 때면 그들의 권리는 침해당한 이후이고, 아무리 법적으로 보호받는다지만 분쟁 자체가 엄청난 스트레스이기 때문이다. 심지어 사업주와 다툰 이후에도 그 회사를 다니는 건 현실적으로 불가능하기에, 결국 비자발적 실업으로 이어져 다시 구직단계로 돌아가는 것 또한 부담스러운 일이다.

이에 필자는 근로시간의 유연화와 같은 수치적이고 객관적인 내용을 이야기하기 전에, 먼저 아래와 같은 이미 제도화된 휴식권을 서로가 이해하고 최소한의 권리를 지킬 수 있도록 근로계약 당사자가 노력하는 것이 대전제라는 점을 강조하고자 한다.

법정휴가 : 연차휴가, 모성보호 · 업무상 재해에 따른 휴가

법정휴가는 말 그대로 '법이 정한 휴가'다. 법정휴가를 주지 않으면 결과적으로 위법이고, 몇몇 휴가의 경우 그 자체로 벌칙이 적용되는 등 규제 또한 강력하다.

대표적으로, ①「근로기준법」상 연차유급휴가(제60조)가 있다. 통상 '연차'로 불리는 이 휴가는 계속근로 1년 미만 근로자에게는 1개월 개근 시 1일씩, 1년 이상 근로자에게는 1년 중 80% 이상 출근 시 15일[31]씩 발생

· · · · · · · · ·
31   같은 법 제60조 제4항에 따른 가산휴가는 별도.

한다. 이는 근로자의 성실한 근로에 대한 사후적인 보상으로, 상시 근로자 수 5인 이상 사업장이라면 예외 없이 지켜야 하는 가장 기본적인 휴가제도다.

②임신 · 출산 및 육아 관련 휴가도 여기에 속한다. 「근로기준법」상 출산전후휴가(제74조)는 출산 시점을 전후로 최소 90일 이상을 보장하여야 하며, 많은 사업장에서 생각보다 자주 빠뜨리는 10일의 배우자 출산휴가(「남녀고용평등법」 제18조의2)도 법정휴가다. 무급이라서 잘 사용되지는 않지만, 생리휴가(「근로기준법」 제73조)도 역시 법정휴가다.

더하여 「남녀고용평등법」상 난임치료휴가(제18조의3), 육아휴직(제19조)이나 가족돌봄휴직 · 휴가(제22조의2)도 있다.[32] 특히 후자의 가족돌봄 관련 제도는 2022년을 기점으로 5인 이상의 근로자를 사용하는 모든 사업체에 의무적으로 적용되는 만큼 이를 간과하면 곤란하다.

③명시된 '휴가'는 아니지만, 「산업재해보상보험법」에 따라 근로자가 업무상 부상 · 질병 등으로 근로를 제공할 수 없는 경우에도 사실상의 법정휴가가 발생한다. 이 경우 공단에서 업무상 재해로 판단하여 그 치료 등에 인정한 기간만큼은 휴업급여 등이 지급되며, 사업주는 병가 기간 및 그 종료일로부터 30일 동안은 근로자를 해고할 수도 없다.

· · · · · · · · ·

32   휴가와 휴직은 법적으로 명확히 구분되지는 않음. 다만, 휴가가 휴직보다는 단기성 · 일회성의 개념을 가지고 있음(다음 섹션 참고).

이뿐만 아니라, 노동관계법령 외 법정휴가도 존재한다. ④「장기 등 이식에 관한 법률」에서는 근로자가 장기기증을 위하여 신체검사를 하거나 그 이식수술 등에 필요한 입원 기간(최대 30일)만큼 유급휴가를 줄 의무를 부여하고 있으며, 대신 사용자에게는 일 최대 13만 원까지 유급휴가 보상금을 지급하고 있다(법 제32조).

법에서 정하지 않은 휴가, 약정휴가

비법정휴가, 또는 '약속으로 정했다'하여 약정휴가라고도 하는 이하의 휴가는 사용자가 법에 따라 주는 것이 아니라 취업규칙이나 단체협약 등 내규에 따라 정한 휴가를 말한다.

가장 대표적인 약정휴가로 ①경조사휴가가 있다. 많은 사업장에서 결혼·사망 등 경조사 발생 시 얼마의 휴가를 주어야 하는지를 노무사에게 묻곤 하는데, 원칙적으로 법에서 이를 의무로 정하고 있지는 않다. 다만 사회 통념상 다른 것은 몰라도 경조사 등 가족 간의 중요 의례만큼은 보장하는 경우가 절대다수인 만큼, 많은 사업장에서 공무원의 경조사휴가제도를 참고하여 휴가를 부여하고 있다.[33]

· · · · · · · · ·
33 「국가공무원 복무규정」[별표2]에서 경조사별 휴가 일수를 정하고 있음.

또 전통적인 대기업식 약정휴가제로 ②하계휴가 제도가 있다. 8월 초를 기점으로 통상 1주를 정하여 전 직원이 일시에 휴가를 가는 형식이 대다수인데, 주의해야 할 것은 만일 회사가 별도의 하계휴가 일수를 부여하는 것이 아니라 「근로기준법」 제62조의 연차휴가 근로일 대체를 사용하였다면 이는 법정휴가로 보아야 한다.

최근에는 ③서구권의 '리프레시 휴가' 개념을 도입, 일정 조건을 만족한 근로자에게 일종의 안식월/안식주를 보장하는 경우도 심심찮게 보인다. 이 휴가제도는 특히 소위 '크런치 기간'이 존재하는 계절성 업무에서 많이 도입하고 있으며, 사실상 복리후생제도의 일환으로 회사에서도 충분히 합리적으로 검토할 만한 카드 중 하나다.

그 외에 ④회사 또는 노동조합의 창립일을 단체협약에서 유급휴일로 처리하고 실제로 쉰다면 사실상의 약정휴가의 효과가 발생한다. 다만, 적지 않은 사업장이 이날을 유급휴일로 할 뿐 실제로는 정상근로하여 휴일근로 가산수당을 지급하는 방식으로 하는 만큼, 이를 완전한 의미의 약정휴가로 보기에는 어렵다.

‖ '대휴' : 대체휴일과 보상휴가를 구분해야

이밖에도 일반 근로자들에게도 매우 익숙한 제도 중 하나가 소위 '대휴'라고 하는, 특정일 또는 특정 기간에 일을 몰아서 한 만큼 다른 근로일 또는 기간을 쉬게 하는 관행적인 제도다. 이 방식은 업무량의 증감 폭이 크고 그 사전 예측이 곤란한 업종에서, 일단 당장 발생한 업무는 해내야 하다 보니 나중에 휴식을 보장하는 방식으로 시행하게 된 제도다.

하지만 실무상 '대휴'라고 뭉뚱그려지는 이 제도는 사실 법적으로는 두 가지 제도로 구분된다. 하나는 ①대체휴일(「근로기준법」 제55조 제2항 단서) 개념으로, 관공서의 공휴일 등 유급휴일로 지정된 날을 근로일로 바꾸는 대신 '사전에' 다른 근로일을 휴일로 바꾸는, 즉 날과 날을 바꾸는 제도다. 다른 하나는 ②보상휴가(같은 법 제57조)제도로, 일단 연장·야간 또는 휴일근로를 한 뒤 '사후에' 그 가산 비율만큼을 돈으로 주는 대신 휴가로 주는 개념이다.[34]

두 방법은 서로 개념이 완전히 다르다. '대체휴일'은 휴일근로에만 해당하며, 근로일로부터 적어도 24시간 이전에 근로자에게 미리 사전통보되어야 한다. '보상휴가'는 연장·야간 또는 휴일근로 모두에 가능하나 그 가산 비율을 고려해야 하므로, 가령 어떤 날 4시간 야근(연장근로)을 했다면 다른 날 4시간만큼 덜 일하는 것이 아니라 6시간(4H×1.5)만큼 쉬어야 한다는 점이 합법적인 운영의 핵심이다.

· · · · · · · · ·

34 그 외에도 월~금 주5일제 근로자가 주말 중 하루를 나와 일하는 대신 다른 평일 중 하루를 쉬기로 한다면, 이는 대체휴일로 보기 어려움. 대체휴일은 법 제55조 제2항에 따른 유급휴일(관공서의 공휴일)에만 적용되므로, 주5일제 근로자의 주말은 법 제55조 제1항의 주휴일 내지는 '휴일도 근로일도 아닌 날'에 지나지 않기 때문임. 따라서 이하의 '근로자대표 서면 합의'가 아닌 '개별 근로자의 동의'에 따라 이루어져야 함.

게다가 두 제도 모두 '근로자대표와의 서면 합의'라는 법적인 요건이 선행된 경우에만 유효하므로, 이를 모르고 관행적으로 실시하고 있는 사업장이라면 원칙적으로 대휴 자체가 무효로 판단될 수 있음을 유의하여야 한다.

휴가제도의 운영 : 청구권의 보장, 사업 운영과의 조화

이러한 휴가는 그 제도의 특성상 원칙적으로 근로자가 휴가를 청구할 권리를 가진다. 연차유급휴가의 근로일 대체와 같이 법에 따라 특별히 정한 경우를 제외하고는 개별 근로자가 "나는 이날 휴가를 사용하겠다."라고 휴가를 청구하는 식이다.

휴가청구권은 근로자의 권리 중 하나이므로 정당한 사유가 없음에도 사용자가 이를 반려할 수 없다. 특히 법정휴가는 원칙적으로 근로자가 사용하겠다고 한 날 주어야 하며 그 특성상 예외가 인정되기 어렵다. 법원은 연차휴가에 한하여 사용자가 그 휴가 사용으로 인하여 '사업 운영에 막대한 지장이 있는 경우'에는 시기변경권을 행사할 수 있다는 입장[35]이나, 이 역시 객관적으로 영업상의 불이익이 상당하다는 등의 이유를 사용자가 증명해야 하는 바 현실적으로는 법 위반이 될 가능성이

....

35   서울고법 2019.4.4. 선고, 2018누57171 판결 등.

농후하다.

　다만 근로자도 이러한 권리를 지나치게 남용하는 것은 금물이다. 특히 남의 눈치를 덜 보는 청년층 근로자들 사이에서, 징검다리 연휴에 회사 사정과 무관하게 연차를 연속하여 사용하는 등으로 팀 업무에 지장을 발생시키는 경우들이 보인다.

　여기서 핵심은 징검다리 연휴에 연차를 썼다는 게 잘못됐다는 것이 아니라, '회사 사정과 무관하게'라는 지점에 있다. 이런 날은 해외여행을 가는 등 비교적 장기의 휴가를 즐길 수 있기에 누구나 가고 싶은 날이 되는데, 회사는 누군가가 있어야만 제대로 된 영업활동을 할 수 있기에 결국 '누가 가고, 누가 남고'를 충분한 협의를 통해 사전에 결정해야 하기 때문이다.

　실무상으로는 회사 대다수가 인원 선택에 있어 소위 '짬 순서'로 휴가를 보내는 경우가 있는데, 이는 자칫 경력이나 연차를 이유로 한 차별 소지로 발전할 수 있으므로 주의해야 한다. 그보다는 차라리 선착순이나 무작위적 추첨, 또는 '자녀 등 가정이 있는 사람 우선' 등 사회 통념상 그 이유가 인정될 만한 사유를 들어 휴가를 운영하는 것이 보다 바람직하다.

　이러한 이슈가 반복될 경우, 회사는 최소 가동 인원 등을 과학적으로 산출하여 동일 일자에 일정 인원 이상이 한꺼번에 휴가를 갈 수 없도록 내규 등을 조정할 필요가 있다. 또는 전혀 반대의 방법으로, 위에서 계속 언급했던 연차유급휴가의 근로일 대체로 소위 학교에서 '효도방학'을 주듯 징검다리 연휴 전체를 연차 소진을 통한 맘 편한 휴식의 기간으로 전환하는 방법도 고려해 볼 만하다.

실무자 해설

◎ **연차휴가 : 연차휴가 산정 매뉴얼 작성 · 배포**

「근로기준법」 제60조에서는 입사일을 기준으로 연차유급휴가를 산정하도록 규정하고 있으며, 이 규정에 따라 연차유급휴가를 산정하는 것은 그리 어려운 일이 아니다. 어렵다고 느껴진다면 인터넷에서 입사일 기준 연차휴가 계산기를 쉽게 찾을 수 있어 본인의 연차휴가를 금방 확인할 수 있다.

직원 수가 적다면 개인별로 휴가 일수를 산정하여 관리할 수 있지만, 직원 수가 수십, 수백 명이 된다면 아무리 큰 회사라도 개인별로 연차휴가를 산정하기 어려워진다. 이에 따라 판례와 행정해석은 회사의 행정 편의를 위하여 회계연도[36]를 기준으로 휴가를 산정할 수 있도록 하였다.

회계연도 기준의 연차휴가 산정 방법은 근로자는 물론 인사팀 직원에게도 산정하는 것이 어려워진다. 그래서 연차휴가는 직원들이 인사팀에 가장 많이 문의하는 주제 중 하나이다. 직원이 연차휴가 산정 방법을 알고 있다면 인사팀 입장에서 관련 내용을 설명하는 것이 어렵지 않을 것이나, 인사팀 직원이 상대하는 직원들은 대다수는 회계연도 휴가 산정 방법을 알지 못한다.

· · · · · · · ·

36 일반적으로 매년 1월 1일을 회계연도로 설정한다.

그래서 인사팀 직원이 휴가 산정 방법 설명을 제대로 하지 못하면, 휴가를 제대로 산정하더라도 직원은 왠지 모르게 속는 기분이 들게 된다. 따라서 사전에 직원들이 휴가제도에 대해 정확히 알 수 있도록 관리하는 것이 필요하다. 직원들이 연차휴가 산정 방법을 미리 알고 문의한다면 인사팀 입장에서도 어려운 휴가제도를 쉽게 설명할 수 있다.

이를 위해서 연차휴가 산정 방법 매뉴얼을 작성하여 배포함으로써 인사팀에 문의할 필요 없이 스스로 산정할 수 있도록 환경을 조성하는 것을 추천한다. 비록 매뉴얼 작성이 고생스러울 수 있으나, 장기적으로는 개별 문의 사항을 해결하느라 많은 시간을 소요할 필요도 없고 인사팀이 직원들에게 신뢰를 얻을 수 있는 효과적인 방법이 될 것이다.

◎ **연차 사용촉진을 위한 휴가 제도**

「근로기준법」 제61조에서는 연차 유급휴가의 사용촉진을 규정하고 있다. 1차 촉진 시에는 근로자가 사용을 지정하도록 하고, 2차 촉진 시에는 사용자가 근로자의 휴가 사용 시기를 지정하여 서면으로 통보함으로써 연차 미사용 보상 의무가 사라진다.

연차사용촉진제도는 연차 미사용 보상 의무를 사라지게 하여 사업주의 부담을 덜어주나 그만큼 행정력의 소요가 상당한 편이다. 연차휴가가 회계연도로 산정되므로 7월 및 10월에 각각 사용촉진을 시행하지만 각 부서에 사용촉진 서면 통보를 해야 하며, 개인별·부서별 휴가 사용 일정을 조율해야 하는 등 수반되는 업무가 많기 때문이다.

게다가 1차, 2차 사용촉진을 제대로 하였더라도 노무 수령을 거부하지 않으면 연차 미사용 수당을 지급해야 하기에 근로자의 수가 많고 전사적으로 바쁜 시기라면 연차 사용촉진을 유효하게 시행하기 어렵다.

반면 근로자 입장에서는 부서가 바쁜 시기에 휴가를 사용하려면 눈치가 보이기도 하고, 휴가 중에 업무 전화가 오기도 하여 휴가를 제대로 누리기 어려울 때가 많다. 이러한 가운데 연차사용촉진제도를 통하여 휴가 사용 시기를 지정한다면 자유로운 휴식을 취하기 어렵기에 불편하게 느껴진다. 나아가 연차사용촉진으로 인해 미사용 연차 보상을 받지 못한다면 더욱 큰 아쉬움이 남게 된다.

그래서 최근 많은 회사에서는 미사용 연차 보상액을 절감하면서 직원들은 업무 부담이나 상사의 눈치를 볼 필요 없이 자유롭게 휴가를 사용할 수 있도록 매월 한 번씩 회사 전체가 같은 날 휴가를 사용할 수 있도록 자체적인 휴가 사용일을 지정하는 제도를 두고 있다.

'리프레시 데이(Refresh Day)', '패밀리 데이(Family Day)' 등 다양한 명칭으로 시행되는 자체적인 휴가 사용일은, 비록 직원들의 연차에서 차감된다지만 일종의 복리후생제도로도 소개되며 기업에 긍정적인 이미지도 전달하는 효과가 있다.

이러한 제도는 휴가 사용에 대한 자율성이 개별 직원에게 주어진다는 점에서 근로자대표와의 합의로 휴가일이 지정되는 유급휴가대체제도[37]와는 다르다. 따라서 종종 연차를 공동으로 사용하기로 한 날 휴가를 사용하지 않았음에도 휴가 일수를 차감하거나, 직원이 사용하기를 원하지 않음에도 강제로 사용하게 해서는 안 된다.

만약 일방적인 휴가 차감, 휴가 강제 사용이 이루어진다면 추후 미사용 연차 보상과 관련한 임금체불 이슈가 발생할 수 있기에 주의를 기울여야 한다. 나아가 좋은 취지로 도입된 제도가 오히려 회사의 이미지를 악화시키는 수단이 될 수도 있기에 직원들이 해당 일자에 사용하지 않겠다고 요청한다면 허용해 주어야 할 것이다.

반대로 직원이 업무 스케줄 등의 이유로 기존에 신청한 연차휴가 사용일에 근무해야 하면, 휴가일 이전에 미리 회사에 그 입장을 분명히 밝혀두는 것이 좋다. 할 수 있다면, 해당 일에 자신이 해야 할 일을 구체적으로 알리는 것도 좋은 방법이다.

다만, 종종 연차 미사용 보상을 받는 것에 초점을 두어 연차 사용일을 고의로 지키지 않는 사람들도 있다. 이 경우 「근로기준법」상 연차휴가를 포함한 근로계약상 휴가제도의 목적은 '휴식'이지, '금전 보상'이 아니라는 점을 명심해야 할 것이다.

따라서 회사는 리프레시 데이, 패밀리 데이 등 공동 연차 사용일 제도를 '직원 편의'라는 취지에 입각하여 운영하여야 하고, 직원은 '자유로운 휴식'이라는 연차휴가제도 목적에 충실하여 해당 제도운영 시 노사 모두 본연의 취지에 맞게 활용하도록 노력해야 할 것이다.

· · · · · · · · ·
37 근로기준법 제62조.

◎ 대표적인 약정휴가 제도 : 병가 제도

병가 제도는 근로기준법에 규정되어 있지 않은 휴가제도이지만 많은 회사에서 시행하고 있는 약정휴가 제도이다. 그러다 보니, 회사마다 병가 제도 규정과 운영 방식은 제각각이다. 직원의 연차를 먼저 차감한 이후 추가적인 무급 병가를 부여하는 경우가 많지만, 일부 사업장은 병가 전체를 유급으로 보장하기도 한다.

이처럼 병가 제도는 회사마다 다른 만큼, 보편적으로 인사팀에서 주의해야 할 것은 병가의 남용을 방지하는 것이라고 할 수 있다. 암 발병 등 안타까운 일이나 가족을 위해 장기 이식이 필요하다는 등 병가가 꼭 필요한 직원도 물론 있지만, 종종 필요 이상으로 병가를 남용하는 직원들도 있기 마련이다.

필자의 경험상, 이러한 남용 사례는 보통 병가 사용 기준을 모호하게 하거나 예외를 너무 많이 허용함으로써 발생하기 때문으로 보인다. 부여 기준 자체가 애매하다거나, 회사에 대한 기여도 등을 고려하여 개별 사례마다 예외를 허용하게 되면 악용의 여지가 자연스럽게 늘어난다.

그러므로 병가 제도를 운영한다면 병가 부여 기준과 해석의 범위를 명확히 하면서 철저히 준수하도록 해야 할 것이다. 이에 대해서는 이하의 '휴직과 대체인력'에서 언급하기에, 자세한 설명은 줄이고자 한다.

휴직과
대체인력

장기근속을 위한 상호 배려

최근 인사관리의 실무상 이슈 중 하나는 '계속근로기간'의 산정이다. 계속근로기간은 퇴직금 등의 산정 기준이 되는 개념으로 근로계약이 존속하고 실제로 그 계약이 상호 이행되어 유효하였던 기간을 말하는데, 과거처럼 '입사일부터 퇴사일까지' 공백 없이 이어져 왔던 근로계약을 현실에서 찾아보기가 생각처럼 쉽지 않기 때문이다.

특히 이는 생애주기라는 측면에서 청년을 채용하였을 경우 더욱 도드라진다. 경력 측면으로도 회사에서 적응하고 업무를 열심히 배워나가는 동시에, 청년기의 특성상 가정을 꾸리고 임신 · 출산 및 육아로 이어지는 사생활의 영역을 구축하는 것 또한 굉장히 중요한 가치를 지니는 일이기 때문이다.

여기에 최근 사회의 인식 변화가 빨라지면서 여성의 출산 및 육아로 인한 경력단절을 막기 위한 정부 차원의 지원책이 많아지고, 덩달아 가족의 소중함을 실감하는 젊은 아빠들이 '육아휴직은 아버지에게도 주어진 당연한 권리'라고 생각하면서 적극적으로 사용하는 추세라는 점도 계약의 공백기가 발생하는 주된 원인이다.

이뿐만 아니다. 이제는 업무 연관성이 없는 개인적 질병 건이라도 다수의 회사에서 일정 한도는 있을지언정 병가나 질병 휴직제도를 도입하고 있다. 직장 내 괴롭힘이나 성희롱 등 사내 인권침해 행위에 대한 의식이 높아지면서, 동시에 그 피해자 내지는 잠재적인 피해 사실을 겪고 몸과 마음이 상한 직원들이 휴직계를 내는 일도 다반사다.

이에 지금 시점에서 사내에 비교적 장기 근속자가 있다고 하더라도, 예전처럼 입사 이래 쉼 없이 일한 사람은 정말로 찾아보기가 어려워졌다. 분명 사회의 노동환경이 나아지고 있다는 좋은 신호이지만, 한편으로는 기업이 여전히 전근대적인 관행이나 처리 방식에 머무르면서 당사자 간 충돌이 일어나는 경우도 비일비재하다.

이에 청년 근로자가 살면서 한 번쯤은 겪게 될 '비교적 장기의 근로정지'인 휴직, 그리고 이로 인해 필수적으로 마주하게 되는 대체인력이라는 반대급부에 대해서도 알아보고자 한다.

법적 의무 없더라도,
불허하기는 쉽지 않은 휴직

상기 휴직은 대다수가 어떤 법적인 규정에 근거하여 반드시 보장되어야 하는 성질의 것이 아니라는 특징이 있다. 최근 상병휴가에 대한 논의 및 일부 지자체에서의 시범사업 등이 있다지만 여전히 업무 외 질병에 대해서까지 회사에서 부담해야 할 법적 근거는 없으며, 공공기관이나 일부 대기업에서 육아휴직을 법정 최소한도인 1년을 초과하여 지급하는 경우가 꽤 있다지만 이 또한 강제성이 없는 사업장 단위의 복리후생제도에 지나지 않는다.

다만, 생각보다 사업주가 아픈 근로자의 휴직을 막을 방법이 딱히 없다는 측면에서 이미 휴직제도는 어느 정도 사회적으로 용인되고 있다고 볼 필요가 있다. 애초에 고의적으로 꾀병을 부린다거나, 극히 경미한 수준의 피해임에도 이를 부풀려 업무를 못 할 정도라고 거짓말을 하는 경우가 아닌 이상 '아픈 근로자를 불러다가 일을 시킨다'는 개념 자체가 성립하기 어렵기 때문이다.

이러한 행위는 「산업안전보건법」상 사업주의 안전 · 보건조치의무에 어긋날뿐더러, 특히 지난 2022년부터 시행되고 있는 「중대재해처벌법」 때문에라도 괜히 아픈 사람 데려다가 일을 시켰다가 더 큰 일로 번지는 것을 경계하는 차원에서라도 회사들이 예전보다 훨씬 보수적인 판단을 내리는지라 쉽게 찾아보기가 어렵다.

상병휴직이 아닌 경우라도 난감하기는 마찬가지다. 애초에 근로자가 사실상 자신에게만 도움이 되는 목적[38]으로 휴직을 내는 경우가 아닌 한 말이다. 이미 가족돌봄휴직 제도가 연간 최대 90일까지 법적으로 주어진 상태에서, 돌봄휴직의 주된 원인이 90일 이내에 해결되지 않은 상태에서 근로자가 즉시 복직이 어려움을 호소하며 사업장에 연장을 신청한다면 기업이 이를 무시하기는 어렵다.

이는 결국 '해고의 정당성'을 입증하는 문제가 된다. 근로자에게 사회통념상 근로계약 관계를 잠시 정지할 만한 사유가 있다 하더라도, 사용자가 권고사직 등의 우회적 방식이 아니라 아예 일방적으로 근로계약을 종료시킨다면 부당해고의 리스크가 매우 커진다. '복직 불응 시 당연면직'이라는 취업규칙 규정을 둔 경우라도, 규정만으로 정당성이 입증되는 것이 아니며 상황에 따라서는 이 역시 부당해고로 연결될 수도 있다.

‖ 대체인력, 잘 써봐야 본전?

결과적으로 회사가 대승적인 차원에서 근로자의 휴직을 허용하더라도, 회사가 신경 쓸 일은 여전히 남아 있다. 특히나 휴직자가 보편적인 업무가 아니라 사내에서 특정 전문업무를 담당하는 등으로 그 공백

---

38   예: 개인적인 학업, 유학 기타 성취를 위한 휴직 신청 등.

을 사내에서 메우기 어려운 경우들이 발생하는데, 그렇다고 휴직자를 둔 채 새로운 정규직을 채용하는 것은 경제적으로 부담이 되니 결국 대체인력의 채용이라는 선택지를 집어 들게 된다.

문제는 이런 대체인력의 구인이 말처럼 쉽지 않다는 데 있다. 애초에 단순 업무 종사자라면 굳이 대체인력을 쓰지 않을 것이기에, 대체인력으로 뽑는 사람 또한 그 전문업무에 대해 전임자만큼은 아니더라도 최소한의 자격이나 전문지식을 가진 사람을 뽑아야 할 것이기 때문이다. 이런 인적자원은 정규직으로 뽑아도 괜찮은 사람을 모집하기가 쉽지 않은데, 1년 남짓한 계약 기간을 두고 대체인력을 명시하여 뽑는 경우 구인 자체에 실패하는 경우가 많다.

게다가 아무리 근로자의 권리라지만, 회사에게는 '너무하다' 싶을 정도의 상황이 발생하기도 한다. 실제로도 육아휴직 대체자로 뽑은 사람이 입사 후 6개월이 지나자마자 본인도 육아휴직을 사용하겠다고 하여, '육아휴직 대체자의 대체자'를 뽑아야 하는 웃지 못할 상황이 벌어지기도 한다. 현행법상 이런 상황을 막을 방법도 없다 보니, 회사는 대체인력을 뽑는 데 항상 보수적일 수밖에 없다.

하지만 특히 장기휴직의 경우, 대체인력이 없다면 결국 그 업무는 남은 팀원들의 몫이 되어 업무 과중 및 각종 비효율을 초래하게 된다. 이미 현대 사회의 회사는 여러 가지 이유를 들어 업무가 딱 돌아갈 만큼의 인력만을 운용하는 상황인데, 그중 한 명이 빠진다면 상식적이고 객관적으로 업무가 제대로 돌아갈 수가 없기 때문이다.

여기에 만일 휴직 사유가 끝끝내 해결되지 않아, 장기간의 휴직 끝에 근로자가 퇴직을 하게 되는 상황이 오면 회사로서는 최악이다. 대체인력 운용으로 인하여 업무 연속성도 떨어지고 노하우 전수 등이 어려운 상황에서, 늦게라도 돌아오길 바랐던 사람이 떠나간다는 것은 단순히 퇴사자 1인의 발생 그 이상의 의미를 갖기 때문이다.

이에 회사는 말 그대로 진퇴양난의 상황에서, '기존 직원을 잔류시키기 위한 유인책으로서의 광범위한 휴직제도'와 '휴직제도로 인하여 발생하는 임시직, 대체인력 사용 등 인사노무상의 리스크'를 동시에 고려해야 하는 상황이다.

결국 답은 '매뉴얼화'에 있다

이런 상황은 본질적으로 누구의 탓으로 돌릴 수도 없다는 점에서, 우리는 휴직제도 그 자체의 문제를 탐구하는 데 잘못된 초점을 맞춰서는 안 된다. 휴직자라고 해서 생계가 달린 일을 무급 내지 최소한의 일부 급여만 받는 상황이 달가울 리도 없고, 회사는 효율적 인력 운용에 금이 가는 상황에 괜히 직원 탓을 하게 되는 악순환이 반복될 수밖에 없기 때문이다.

결국 핵심은 명확한 기준과 방침을 세우는 제도화에 있다. 먼저 대체 인력과 관련하여, 회사는 어떤 사람이 오더라도 짧은 시간 내에 업무를 파악하고 숙지하여 소위 '1인분'을 할 수 있도록 직무의 분석을 명확하게 마련해 두어야 한다.

단순히 NCS상 무슨 업무를 한다고 써 붙이는 정형적인 개념에서 벗어나, 업무 현황을 사내 인트라넷이나 클라우드 서비스 등을 통하여 실시간으로 공유·보관토록 하여 긴급하게 담당자가 바뀌더라도 업무의 차질을 최소화하여야 한다.

또는 보다 이론적인 차원에서, 지나친 분업은 그 공백을 같은 팀에서도 메우기 어렵게 되는 만큼 직무설계 단계에서 동일·유사 직무를 여러 명이 공동으로 담당하도록 설계하는 것도 하나의 대안이 될 수 있다. 이 경우 설령 핵심인재가 얼마간의 공백을 가지더라도 부서 그리고 회사가 갈팡질팡하며 시행착오를 겪는 시간을 최대한으로 줄일 수 있다.

다른 하나의 핵심은 휴직제도 자체를 매뉴얼화하는 데 있다. 생각보다 규모 있는 기업에서조차 업무 외 질병 휴직에 대한 명확한 사내 기준조차 설정해 두고 있지 않은 경우가 많다. 이 경우 제도를 악용하려는 근로자들이 '일수 제한 없는 병가'를 계속하여 사용하면서 사실상 유령 사원이 되어버리는 경우도 실무상으로 가끔 마주하게 된다.

이런 악용을 근절하고 진짜로 휴직을 통한 재충전이 필요한 사람들이 제도의 혜택을 누릴 수 있도록, 사전에 각종 휴직 사유를 취업규칙 등에 명시하고 그 사용 가능 기간이나 신청 방법 등을 구체적으로 적어 둘 필요가 있다. 질병 휴직 시 '2차 병원 이상에서 발급한 진단서' 등 구체적인 증빙서류 등을 요구하여, 제도의 오남용을 막고 정말로 도움이 필요한 직원을 걸러낼 필요가 있다.

결국 모든 갈등과 분쟁은 '어설프게 정한 것'에서 온다는 사실을 명심해야 한다. 제도 자체가 허술하면 없느니만 못한 제도가 될 수도 있고, 만들기는 제대로 만들었더라도 운영에 잘못이 있다면 여전히 반쪽짜리 제도가 될 것이다.

이런 오해를 막기 위해 회사와 직원 서로가 명확한 기준을 정해 서로를 배려한다면, 일과 삶의 균형을 추구하는 오늘날의 청년들이 오랜 기간 회사에 남아 자신의 역량을 펼칠 기반을 튼튼히 할 수 있을 것이다.

실무자 해설

◎ **육아휴직의 사용과 업무공백 대처**

육아휴직은 임신 중인 여성 근로자가 모성을 보호하거나, 성별 무관 만 8세 이하 또는 초등학교 2학년 이하의 자녀를 양육하기 위한 경우[39] 사용할 수 있다.

현재 육아휴직자의 수는 기업 규모와 관계없이 계속해서 증가하고 있으며[40] 현장에서도 이제 특별한 일이 아니다. 특히, 대기업의 경우 ESG 경영의 일환으로 육아휴직 사용을 적극적으로 장려하고 있으며 배우자 출산휴가와 별도로 1개월 동안 육아휴직을 사용하도록 남성 의무 육아휴직 제도를 시행한 바 있다.

이처럼 육아휴직을 사용하게 되면 자연스럽게 회사에는 인력공백이 발생한다. 이에 육아휴직 대체인력에 대해서는 해당 기간제 근로계약 기간은 2년 초과 사용 시 무기계약 전환 기간에서 제외하고 있으며,[41] 비록 육아휴직 기간 중 대체인력 지원금제도는 폐지되었으나, 기간 중

········

39 남녀고용평등과 일 · 가정 양립 지원에 관한 법률 제19조 제1항.
40 고용노동부, "2022년 육아휴직 · 육아기 근로시간 단축 크게 늘어", 2023.1.25.자 보도자료.
41 기간제 및 단시간근로자 보호 등에 관한 법률 제4조 제1항 제2호.

대체인력을 채용하는 경우 사업주에게 지원금을 지급하고 있다.[42]

이와 같은 「기간제 및 단시간근로자 보호 등에 관한 법률」(이하 '기간제법')상의 규정 및 지원제도에도 불구하고 직원이 육아휴직을 들어가게 되는 경우 대체인력을 구하기 어렵다. 공백 없이 업무를 원활히 수행할 수 있는 인력도 흔하지 않은 데다가, 길어야 1년의 기간제 근로계약을 체결해야 하기 때문이다.

업무공백이 발생하는 경우 전환배치나 겸직을 통하여 업무를 수행할 수 있도록 조치할 수 있으나 해당 인원의 역할과 비중에 따라 겸직인원, 전환배치 대상자의 업무 부담이 커지며 회사 운영에 영향을 미치기 때문에 쉽지 않다.

이처럼 육아휴직으로 인해 발생하는 업무공백이 기업 운영에 어려움을 끼치게 될 수준이 된다면 회사는 암묵적으로 육아휴직 사용을 꺼리게 된다. 따라서 업무공백 발생 시 대처할 수 있도록 미리 계획을 해두는 것이 중요한데, 이를 위해서는 평소 업무분장을 명확히 하는 것은 기본이라고 할 수 있다.

. . . .

42 산전후(유·사산)휴가 또는 육아기 근로시간 단축을 30일 이상 허용하고 새로 대체
    인력을 고용하여 30일 이상 계속 고용한 사업주에게 해당 기간 동안 근로자 1인당
    월 80만 원을 사업주에게 지급. 인수인계 기간에는 대체인력 지원금을 월 120만 원
    씩 지급함(2022.1.1. 기준).

◎ 육아휴직자의 조기복직, 무조건 수용해야 하나?

업무분장이 분명하다면 대체인력을 채용할 것인지, 또는 겸직이나 업무조정을 선택할지에 대한 신속한 의사결정이 가능하여 업무공백을 최소화할 수 있고, 평소에도 각 팀원이 수행하는 업무를 알고 있기에 업무공백을 빠르게 해결할 수 있다.

그러나 분명한 업무분장과 대체인력 채용 등으로 육아휴직자의 업무를 원활하게 대체하였더라도 육아휴직자가 여러 가지 상황으로 인하여 조기복직을 원한다면 부득이하게 기존에 세웠던 계획을 수정해야 한다.

근로자가 조기복직을 원할 때 회사는 반드시 이에 응하여야 하는가? 노동관계법령에서는 회사에 조기복직을 허용해야 할 의무를 부여하고 있지 않으므로, 만약 인력구성 등 경영상 이유로 조기복직을 허용하기 어려운 경우 회사는 이를 거부할 수 있다.

다만 법적 가능 여부와 별개로, 실제 근로자가 받아들이는 감정적 이슈를 살필 필요가 있다. 거부 시 회사의 상황과 계획에 대해 정확히 전달하는 것이 중요하며, 전후 사정에 대한 설명 없이 일방적으로 거부 통보를 한다면 불필요한 갈등이 발생할 수 있으며 회사에 대한 불신이 생길 수 있으므로 유의해야 한다.

통상 조기복직을 원하는 육아휴직자에게 회사 상황과 향후 계획에 대해 투명하게 설명하면, 휴직자도 회사의 사정을 이해하고 받아들이

곤 한다. 이럴 경우 회사도 기존 계획대로 인력 운용을 할 수 있는 만큼, 제대로 된 커뮤니케이션이 중요하다.

만약 회사가 조기복직 요청을 받아들인다면 또 다른 이슈가 발생한다. 「남녀고용평등과 일·가정 양립 지원에 관한 법률」(이하 '남녀고용평등법') 제19조 제4항은 복직 이후 휴직 전과 같은 업무 또는 같은 수준의 임금을 지급하는 직무에 복귀시켜야 한다고 규정하고 있다. 그러나 기존 계획보다 빠르게 복직이 이루어졌으므로 불가피하게 육아휴직자의 복직 전 업무내용, 장소 등에 다소 차이가 발생할 수 있다.

일반적으로 조기복직자는 복직 전 회사의 상황을 이해하고 복직을 결정하였기 때문에 배정된 업무에 적응하고자 노력하려 한다. 반면, 휴직 전 업무와 현격한 차이가 있거나 복직 전 전달 받은 내용과 차이가 있다면 조기복직자는 「남녀고용평등법」 제19조 제3항 및 제4항의 규정을 토대로 이의를 제기할 수 있다. 최근에는 같은 수준의 임금을 지급하는 다른 직무로 복귀시키는 경우에도 상기한 규정을 위반한 것으로 본 판례도 있다.[43]

따라서 비록 기존 계획과 다르게 조기복직을 한 경우라 하여도 단순히 임금 수준만을 고려할 것이 아니라 업무내용, 권한과 책임 등에도 큰 변동이 없도록 조치해야 할 것이다.

여기에 앞서 설명하였듯, 노무 이슈로 비화되기 이전에 커뮤니케이션을 바탕으로 감정관리에 신경 쓰는 것이 중요한 대목일 것이다. 인

....

43   대법원 2022.6.30. 선고, 2017두76005 판결.

사관리에서 법적으로 문제가 될 만한 사안이 있더라도, 인사담당자의 적절한 커뮤니케이션으로 법적인 분쟁을 방지할 수 있다. 인사관리에 있어 문제가 될 만한 사안들이 모두 법적 분쟁으로 이어지는 것은 아니기 때문이다.

◎ 대체인력에 대한 관리 : 고용 연장 및 정규직 전환 이슈

한편, 업무 대체자로 채용된 기간제 근로자에 대한 계획에도 변수가 존재한다. 대체인력이 조기 퇴사하게 되면 팀 내부적으로 업무 운영에 차질을 빚는 것은 물론이다. 반대로 대체인력이 업무를 훌륭하게 수행하여 육아휴직자가 복직한 이후에도 고용관계를 지속하고자 하는 경우에도 복잡한 사정이 생긴다.

대체채용된 인원을 계속 채용하고자 하는 경우 정규직, 비정규직 형태 중 어떤 근로계약을 체결할 것인지, 근로조건 및 처우는 어느 정도 수준으로 해야 하는지가 문제가 된다.

이 경우 회사는 인건비 예산, 배정될 업무 등 다양한 요소들을 검토하여 근로형태 및 근로조건을 결정하는데, 최종 의사결정이 이루어지기 전까지 많은 변수가 있다. 다양한 의사결정자들의 참여, 사업계획과 예산 문제, 기존 인력구성 등 여러 변수를 고려하여 결정하는 기간이 길어질수록 불확실한 상황으로 인해 대체인력은 이탈할 가능성이 커진다.

채용을 결정하였다고 하여도 대체인력이 원하는 근로조건이 제시되지 않는다면 대체인력은 해당 근로계약을 거절할 수 있으므로 결국 유능한 인재를 놓치게 되는 결과를 초래하게 된다.

이러한 상황을 방지하기 위해서는 대체채용 인원을 채용할 때 애초부터 정식채용을 고려하여 채용하는 것이 낫다. 어찌 보면 대체인력을 활용하는 기간은 회사에 있어서 인재 검증의 기회로 삼을 수도 있기 때문이다. 가령 대체인력으로 채용된 기간에는 기존 육아휴직자의 업무를 수행하여야 하지만, 기간 중 평가 여하에 따라 채용 기간이 종료되더라도 해당 부서가 여의치 않으면 다른 부서로 배치하여 채용할 수도 있기 때문이다.

그러므로 단순히 업무공백을 채운다는 접근보다 유능한 인력을 검증하여 선발할 수 있는 기회라고 접근하여 대체인력 채용을 준비하는 것이 바람직해 보인다.

평가와 승진

'공정성'과 '효율성'의 사이에서

집단에서, 구성원 간의 경쟁은 필연적이다. 같은 회사, 같은 팀에 소속된 구성원들은 멀리서 보면 함께 손을 맞잡고 목표를 달성하기 위해 노력하는 한 덩어리로 보이지만 조금만 가까이서 들여다보면 그 안에서도 인간관계의 역학에서 비롯되는 크고 작은 경쟁과 그로 인한 다툼이 발생하기 마련이다.

우리가 경쟁을 하는 이유는, 더 나은 자리로 가는 길이 위로 갈수록 점차 좁아지기 때문이다. 2021년 기준 국내 100대 기업의 임원 비율은

0.76%로[44], 여러 가지 변수를 고려하더라도 신입사원으로 입사한 사람 100명 중 한 명이 채 되지 않는 사람들만이 수많은 경쟁자를 물리치고 출세하는 것이 현실이다.

회사는 승진으로 대표되는 '능력'을 증명하지 못한 사람을 기다려 주지 않기에, 승진을 위한 경쟁은 매우 중요하다. 여기서 능력이란 회사가 측정 가능하며 활용할 가치가 인정되는 지식이나 스킬을 말한다. '측정 가능'이라는 부분은 매우 중요한데, 아무리 그가 뛰어난 지식과 능숙한 스킬을 가지고 있더라도, 외부로 표출되어 활용할 수 없다면 무용지물이기 때문이다.

때문에 평가는 거꾸로 그 사람의 모든 능력을 측정할 수 없음을 필연적인 전제로 한다. 제아무리 뛰어난 평가모델을 통해 숙련된 평가자가 온갖 재주를 부려 측정하더라도, 피평가자 스스로 생각하는 자기 능력 100%를 평가결과로 반영받기는 사실상 불가능하다. 그 결과는 승진이나 보상 같은 가시적 결과로 이어지기에, 피평가자는 평가결과를 알 수밖에 없고 결국 여기서 불공정성을 지각하게 된다.

직원도 평가제도의 현실적인 한계를 알기에 적당한 불공정성은 참고 넘기며 오히려 더 열심히 자신을 증명할 원동력으로 삼기도 하지만, 불공정성이 계속된다면 시스템 자체에 의심을 품고 부정적인 생각을 하

----

44 연합뉴스, "국내 100대 기업 임원 비율 0.76%… "승진 문턱 더 높아져", 2021.11.03.자 기사 中 헤드헌팅 기업 유니코서치 조사 자료.

다가 끝내 퇴직으로 이어지고 만다(Adams, 1963). 특히나 공정성에 민감한 청년들에게, 자신의 가치를 제대로 인정받지 못하고 '나보다 떨어져 보이는' 다른 사람이 인정받는 건 참을 수 없는 일이다.

그렇기에, 평가제도란 우리가 생각하는 것보다 훨씬 큰 결과물로 이어질 수 있는 '독이 든 성배'라는 인식이 필요하며 아래와 같이 청년 구성원들도 만족할 수 있는 평가의 디자인이 필요하다.

▌ 절대평가와 상대평가

조금은 애석하게도, 우리 사회는 상대평가에 이미 과도하게 익숙해져 있다. 사람을 '한우 등급 나누듯' 1부터 9까지의 등급으로 나누는 대학수학능력시험부터, 소위 '서연고 서성한 중경외시…'로 이어지는 학벌의 등급화, 부동산의 입지라는 조건하에 '강남 3구'를 최고 등급으로 지역을 줄 세우고 그 강남 3구 중에서도 ○○동이 더 좋다는 등으로 싸우는 일이 비일비재하니 말이다.

하지만 사내평가는 이런 방식으로 접근해서는 곤란하다. 상대평가의 가장 큰 맹점은 아무리 잘해도 자기보다 높은 점수를 받은 사람이 있다면 자신의 가치가 그만큼 낮아진다는 데 있기에, 우수인력 중 누군가는 하위 등급을 받고 동기부여가 떨어진다는 점에 있다. 그렇기에 미리 정해진 몇 자리에 앉기 위해 과도한 경쟁이 뒤따른다.

때문에 사내평가는 절대평가 개념으로, 피평가자의 능력을 객관적으로 측정하여 이에 걸맞은 점수를 주는 방향이 타당하다. 동점자가 있으면 동일한 결과로 보답하고, 불가피하게 '보직 부임' 등 정해진 숫자를 채워야 하는 일에만 부분적으로 상대평가를 도입하는 식이 그것이다. 여기서 전자는 '직급(Grade)'으로, 후자는 '직위(Position)' 개념으로 이미 대다수의 기업에 도입되어 있다.[45]

▎ 정성평가와 정량평가

당연히도 평가는 객관성에 기반하여야 하기에, 눈에 보이는 개념을 평가항목으로 정해야 함은 기본이다. 특히 평가 결과가 '숫자'로 표현될 수 있다면 그 객관성이 더욱 담보되기에, 매출액 관여 수준이나 영업 실적, 프로젝트의 평가가치 등 직무별로 정량평가 항목이 우선 고려될 필요가 있다.

그러나 안타깝게도 개인의 능력이란 눈에 보이는 것만이 전부가 아니며, 특히 지식노동의 경우에는 애초에 주 업무의 결과치조차 추상적

---

45 가령, 총점에서 동점인 A와 B가 있다면 그들의 평가 이후 직급은 동일하게 적용되어야 하며 기본급 인상 폭 등 금전적 보상은 직급과 연관시켜야 한다. 다만, '팀장'이나 '파트장' 등 필연적으로 자리의 수가 한정된 경우에만 직위의 개념으로 접근하여, A와 B 중 관리자로서의 능력(가령 커뮤니케이션 항목 등)점수가 더 높은 사람을 해당 직위로 보직하고 그 밖의 사람은 동일 직급의 직위 없는 직원으로 앉히는 것이 그 방법이다.

인지라 정량평가가 사실상 불가능한 경우도 있다. 이 경우 업무에 대한 참여도나 커뮤니케이션 능력, 성실성이나 창의성과 같은 정성적 요소를 평가의 대상으로 삼을 수밖에 없다.

좋은 평가제도는 이 두 가지 평가를 모두 고려하는 것이다. 정성평가 항목과 정량평가 항목을 적당한 비율로 배분하고, 위와 같은 직무의 특성에 따라 그 비율의 정도를 조절하거나 항목별로 각기 다른 점수를 매길 필요도 있다.

평가항목의 구성만큼이나 중요한 것은 '평가자 교육'이다. 특히 정성평가를 할 때, 가령 '성실성'에 대해 각각의 평가자마다 판단하는 개념 지표나 그 수준이 다를 수 있다는 점이 교육의 필요성을 역설한다. 누군가는 근태 좋고 자리에 오래 앉아 있다면 성실하다 하고, 다른 이는 평소에 연차휴가를 잘 안 쓴다고 성실성 점수를 높게 줄 수도 있기 때문이다.

이에 평가 이전에 평가자들을 모아 '성실성이란 이런 항목을 주안점으로 삼아, 어느 정도의 기준을 가지고 배점을 하면 된다'는 최소한의 교육이라도 이루어져야만 제대로 된 평가라고 할 수 있다. 업무생산성과 직결되는 생산성이 무엇인지 그 개념을 정확히 하고, 그 개념을 측정하여 어느 수준에는 무슨 점수를 주면 된다는 매뉴얼이 사전에 개발되어 평가자 모두가 이를 숙지하고 있어야 한다.

지나친 다면평가는 삼가라

한때 '360도 평가'라는 이름으로, 종래 피평가자의 직상급 관리자로부터의 하향평가의 한계를 극복하기 위한 방법이 유행한 적이 있다. 이 평가방법은 관리자뿐만 아니라 팀 동료나 후임, 타 협력업체나 부서의 관리자 및 사원, 입사 동기 등 피평가자와 관계를 형성하는 수많은 사람을 평가자로 삼아 결과에 반영하려는 취지에서 만들어졌다.

언뜻 보면 공정성이 배가 될 수 있다고 보이지만, 꼭 그런 것만은 아니다. 가장 큰 문제는 '평가자로서의 능력'이 없는 사람까지 평가자의 역할을 해야 하다 보니 결과의 객관성이 상실될 수 있다는 점이다. 평가해야 할 사람도 많아지다 보니 '그냥 대충' 적당한 점수를 주고 넘어갈 수도 있고, 잘못하면 인기투표로 변질될 수도 있다.

때문에 작은 회사든 큰 회사든, 일반 직원을 대상으로 한 평가는 평가자를 2~3인 정도로 명확하게 지정하는 편이 타당하다. 상기하였듯 평가자 교육을 실행하기 위한 현실적인 규모를 고려하여 직상급 관리자와 그에 준하는 누군가를 명확히 지정할 필요가 있다. 위와 같은 완전한 다면평가는 그 피평가자가 회사 내 전 인원에 영향을 미칠 수 있을 정도의 고위 임원단을 뽑을 때나 고려할 법하다.

너무 잦은 평가는 피로감만 높인다

가끔 속된 말로 '평가에 미친' 회사를 한두 번씩 만나게 된다. 어떤 회사는 최초 수습 3개월 동안도 매월 1회 평가하여 그 결과를 통보하고, 정식계약 이후에도 분기별 간이평가와 연 단위 정식평가를 병행하면서 말 그대로 구성원을 달달 볶기도 한다.

여기서 꼭 명심해야 할 부분은, 회사의 목적은 상품이나 재화를 생산하여 이윤을 창출하는 것이 제1순위지 사람을 경쟁시켜 핵심인재를 선발하고 승진시키는 일이 주된 목적이 될 수는 없다는 점이다.

지나치게 잦은 평가는 업무의 연속성을 깨뜨릴뿐더러 적어도 사내 최소 인원은 평가에만 묶이게 되므로 인력의 효율성도 떨어진다. 평가는 결국 보상과 직결되는 만큼 직원들이 그 결과를 신경 쓰지 않을 수 없다 보니, 평가 때마다 마치 조울증 환자처럼 오락가락하면서 동기부여가 오히려 깨질 수도 있다.

특별한 경우가 아닌 한 평가는 연 1회를 기준으로 하는 이유가 여기에 있다. 대다수의 회사가 연봉제를 택하고 있다 보니 최소 연 1회는 실시해야 보상으로 연계시킬 수 있고, 이 정도만 되더라도 승진 등 주요 인사상황에서 근거로 삼을 데이터는 충분히 얻을 수 있다. 그 외에 새로운 사업부를 런칭한다거나 기술 변화가 매우 **빠른** 분야에 평가가 필요한 경우에는 부정기평가를 진행하는 식으로 보완하면 된다.

회사와 직원,
서로를 위한 평가를 하라

위와 같은 내용은 어찌 보면 평가에 있어서 가장 기본이 되는 이론적인 부분이고, 어지간한 평가 관련 서적에는 모두 쓰여 있는 말이다. 하지만 노무사로서 사람을 대하는 일을 하다 보니, 평가제도를 진행할 때에 많은 회사가 놓치고 있는 '감정'이 있는 것 같아 아쉽다.

평가는 결국 사람이 하기에 완벽을 기하더라도 완벽할 수 없다는 것은 회사도 직원도 잘 알고 있다. 그리고 어떤 경우에라도 모든 사람이 완전한 공정성을 지각하는 것은 현실적으로 불가능하다. 그보다 더 큰 문제는, 그 '완전하지 않은' 평가를 진행하는 방식만으로도 사람들에게 편안함 또는 불편함과 같은 감정적 결과를 초래할 수 있다는 것이다.

회사는 '평가를 위한 평가'가 아니라, 집단의 전체 이익을 최소한도로 관리하기 위한 평가로써 시스템을 구축해 나가야 한다. 경쟁에서 탈락하는 사람을 곧바로 쳐내는 냉혹한 칼날 같은 평가가 아니라, 각자가 부족한 점이 무엇인지를 짚어주면서 이를 보완할 기회를 주는 따뜻하고 세심한 '경력 지도'로써의 평가로 사람을 대할 필요가 있다.

직원도 마찬가지다. 평가결과에 지나치게 일희일비하지 말고, 그렇다고 최근 청년층 사이의 최대 트렌드 중 하나인 '조용한 퇴직(Quiet Quitting)'과 마찬가지로 성과에 대한 피드백에 지나치게 무관심하게 대하는 것 또한 삼갈 필요가 있다. 성과가 있어야 월급 줄 돈도 나오는 만큼, 회사가 잘 되기 위한 최소 조건을 달성하기 위한 노력은 계약상 의무로도 사회 통념상의 '매너'로도 분명 필요하기 때문이다.

특히나 젊은 청년 사원에게는 당장의 능력에 대한 줄 세우기가 아니라, 장기적으로 그가 가진 재능이 어떤 식으로 발전할 수 있을지를 미리 파악하는 취지의 평가가 이루어질 필요가 있다. 이를 통해 회사에서 "당신의 강점이 이것이니 키워 볼 필요가 있다."거나 "단점을 보완하자."는 등 경력 관리에 관심을 먼저 가져준다면, 그런 회사를 '배신'하고 조기 퇴직할 청년이 얼마나 있을까?

실무자 해설

◎ **목표관리법**(Management By Objectives : MBO)**의 범용화**

인사평가 결과가 직원들에게 통보되고 나면 인사팀에 꽤 많은 문의
가 온다. 평가기준을 공개하라는 요구, 자신의 점수가 납득되지 않는
다는 주장까지 다양한 내용을 문의하며 퇴사하는 경우도 심심치 않게
볼 수 있었다.

이러한 반응은 특히 성과의 측정이 어려운 지식 노동자에게 많이 나
타난다. 예를 들어, 영업직의 경우는 판매량과 같은 정량적 지표가 있
어 측정 가능성이 크지만, 지식 노동자의 경우 성과 측정이 상대적으
로 어려워 평가기준에 따라 평가결과에 차이가 나타나고 상사의 평가
오류가 발생할 가능성이 크다.

이러한 문제를 해결하려는 목적으로, 최근 많은 회사에서는 '목표관
리법'을 도입하고 있다. 목표관리법은 6개월 또는 1년의 기간 내에 달
성할 특정 목표를 평가자와 피평가자가 합의해 설정하고, 그 기간이
종료된 후에 목표를 양적, 질적으로 달성하였는지를 평가하는 평가방
법이다.

MBO를 도입하면 직원들이 직접 상사와 달성할 목표를 설정함으로
써 명확한 업무분장이 가능하고, 목표 달성에 대한 동기부여가 뚜렷해

지며 무엇보다 성과에 대한 측정이 가능해지기에 평가 결과에 대해 납득할 수 있다.

필자 개인적으로 유용하다고 느낀 것은, 업무 재설정에 관한 부분이다. 본인이 담당하는 역할이 무엇인지 확실하게 인지하기 때문에 해당 목표에 대한 책임 의식이 강해져 적극적으로 업무에 임할 수 있다.

다만, 직원들이 목표 설정 시 아무런 가이드라인 없이 단순히 목표를 설정하도록 한다면 직원들은 새로운 업무를 떠안게 되는 기분이 들어 부담스럽다. 따라서 목표 설정에 있어 명확한 가이드라인을 제시하는 것이 중요하다.

물론 타 부서의 업무 현황과 내용에 대해 구체적으로 알 수 없기에 한계가 있으나, 최소한 목표 수준은 어느 정도로 할 것인지, 목표 설정 절차는 어떻게 진행되는지는 명확히 할 필요가 있다. 예컨대, "목표의 달성 기준은 2021년부터 2022년의 평균치를 'B'로 한다."라는 식의 가이드라인은 혹시나 있을지 모르는 상사와의 '목표 담합'을 사전 예방하며, 평가수준을 과대 혹은 과소하게 설정하는 것을 방지할 수 있다.

◎ 조직 목표와 개인 목표의 일체화 : 캐스케이딩(Cascading)

최근에 강조되는 것은 캐스케이딩(Cascading)이라 할 수 있다. 캐스케이딩이란 전사적 목표와 조직의 하부단위까지 일관된 관점을 가진 목표를 설정하는 개념이다.

일반적으로 MBO 평가기준을 위해 목표로 삼는 주제는 네다섯 개 수준인데, 그중 최소 두 개 이상의 목표는 조직 및 부서의 사업계획과 연관 지어 결정하도록 하고 있다. 해당 목표 설정 과정에서 부서장과 부하 직원이 연초에 설정한 사업계획서 내용을 바탕으로 부서의 목표를 되새기고 부서와 조직을 진단하여 부족한 부분을 재정비하는 기회를 부여받게 된다.

이처럼 캐스케이딩을 고려한 MBO 목표 설정은 조직의 목표와 개인의 목표를 일체화하면서 조직 성과와 역량 강화가 동시에 이루어지도록 하는 효과가 있기에 MBO 운영의 기본 상식이 되었다.

◎ 역량 개발 유도의 방편

MBO 목표 설정은 크게 조직 목표, 개인 목표로 구분할 수 있다. 조직 목표란 앞서 설명한 조직이 가지는 성과를 의미하며, 이에 대비되는 개인 목표 항목 중 가장 대표적인 것 중 하나가 자기계발 항목이다.

조직 구성원의 역량 개발은 조직의 전문성을 강화하며 성과 창출로 나아갈 수 있는 발판이 되기에, 회사는 저마다의 방법으로 교육 시스템을 구축하고 있다. 그러나 학습 참여자의 자발적인 참여와 적극성이 있어야 학습의 성과로 나타나는데, 본인의 의지만으로는 부족한 경우가 많다.

이에, MBO 목표 설정 항목 중 하나로 자기계발과 관련된 목표를 설

정하도록 하여 적극적인 학습 참여가 이루어지도록 하고 있으며, 자기
계발을 통한 개인과 조직의 역량 강화를 유도한다.

　실제로, 자격증 취득이나 어학 공부, 교육활동 참여에 관심이 없었
던 직원들도 관심 분야를 탐색해 보는 시간을 가지고 자기계발을 하고
자 노력하게 되는 경우도 있었다. 이는 최소한 직원 스스로 자기계발
과 학습에 관심을 가지도록 유도한다는 점에서, 목표지향적으로 유의
미한 방법이라고 할 수 있다.

모성보호

저출산 시대, 직장이 바뀌어야 하는 이유

청년자문단 활동 중 그 심각성을 더욱 절실히 느끼게 된 딱 한 가지를 꼽으라면 단연코 우리 사회의 저출산 이슈다. 뉴스에서 '인구 소멸'이라는 극단적인 단어를 쓰는 것이 전혀 놀랍지도 않고, 수도권 과밀화라는 이슈까지 겹쳐 이제 군 단위 지역에서는 산부인과를 찾아보는 것도 힘든 사회가 됐다.

저출산 이슈는 정말 다양한 원인에서 출발하지만, 그중 일하는 청년이라는 노동시장의 관점에서 볼 때 원인은 상당히 명확해진다. 산업구조의 발전과 개편이 인간의 필요성을 점차 줄이면서, 특히 단순노무와 같이 노동력 집약적 사업에서 사람을 쓰지 않으면서 '극히 드문 기술을 가진 소수'를 제외한 나머지가 생계 문제에 직면했기 때문이다.

그러나 이 문제는 일차원적으로 여기서 끝나지 않는다. 거꾸로 말해, 가치 있는 고급 인력이라 하여 정말로 아이를 낳느냐는 질문에 꼭 그렇다고 답할 수가 없기 때문이다. 남들이 부러워하는 공공기관이나 대기업처럼 생계 문제를 탈피한 구직에 성공한 사람들이지만, 심지어 결혼까지 한 뒤에도 출산을 차일피일 미루거나 아예 '딩크(DINK)족'을 선언하는 경우도 다반사다.

원인은 청년에게 있지 않다. 여전히 사람 중심이 아닌 일 중심의 경직적인 기업 문화와 그로 인한 수많은 터부, 관행, 전례 등으로 일컬어지는 인식의 한계 때문이다. 그 때문일까? 조금은 늦은 감이 있지만, 이제는 사업주부터가 단순 법적 의무의 수준을 넘어서 적극적으로 모성보호 분야에 관심을 기울이고 있다.

적극적 모성보호의 필요성

개인적으로 우리 법제상의 모성보호제도는 이미 다른 선진국의 수준에 충분히 걸맞은 정도로까지 올라왔다고 생각한다. 앞서 휴가 · 휴직 섹션에서 잠시 살펴보았듯 「근로기준법」상 90일의 출산전후휴가와 「남녀고용평등법」상 최대 1년의 육아휴직이 법적으로 강제되고 있다. 여기에 임신기 · 육아기 근로시간 단축제도도 근로자의 당연한 권리이며 최근에는 '아빠 육아휴직' 내지는 '3+3 부모육아휴직제' 도입 등 정책적 권장이 적극적으로 이루어지고 있다.

대체인력이라는 이슈가 생기기는 하지만, 근로자나 사업장 입장에서 손해를 최소화할 수 있는 제도도 이미 완비되어 있다. 출산전후휴가 때에는, 물론 상한액은 있지만 통상임금, 즉 평소에 받던 기본급으로써의 임금을 전액 받을 수 있다. 육아휴직 기간에도 고용보험의 재원으로 육아휴직급여를 받을 수 있고, 근로시간 단축제도를 사용하더라도 그 단축 시간에 비례하는 단축급여를 청구할 수도 있다.

사업주 또한 단순히 이를 법적으로 지키지 않았을 때의 처벌 때문이 아니라, 각종 지원금제도 때문에라도 법제를 완전히 회피하려고 드는 경우는 요즘 특히 찾아보기가 어렵다. 애초에 대기업이 아닌 다음에야 출산휴가나 육아휴직자에게 어떤 급여 상당액을 지급할 의무도 없으며, 거꾸로 육아휴직이나 기타 단축근로 시 고용안정장려금·워라밸일자리장려금 등 직접적인 금전 지원을 받을 수도 있기 때문이다.

때문에 인력관리에 여유가 있거나, 복리후생제도에 관심이 있는 회사에서는 대표적 모성보호제도의 하나인 육아휴직 기간을 법정 최소한도인 1년보다 더 길게 보장하는 경우도 있다. 실무상 대다수가 2년의 기한을 두고, 그중 법정 기간인 1년은 유급으로 나머지 1년은 무급 또는 최소한의 금액만을 지원하는 형식을 취한다.

여기에 출산 · 육아로 이어지는 긴 휴직 기간이 끝난 뒤 '복직의 엄두가 나지 않아' 결국 사표를 쓰고 마는 경우를 방지하기 위해 복직 시 적응 내지 교육훈련 프로그램을 사용하기도 한다. 이를 통해 회사는 이미 회사 내에서 적응을 마친 근로자가 반자발적으로 이탈하는 것을 막아 불필요한 노하우의 유출을 막는 전략을 취하게 된다.

육아맘 · 육아대디를 위한 가족친화형 사업장

젊은 부모가 된 청년들의 마음을 사로잡기 위해, 요즈음의 회사는 단순히 위와 같은 휴가 · 휴직제도 외에 다른 방식 또한 적극적으로 검토하고 있다.

사내 어린이집이 이제 대기업만의 전유물이 아니라는 점이 그 하나의 예시가 된다. 본래 법에서는 상시 근로자 수 500명(또는 상시 여성 근로자 수 300명) 이상 사업장에만 설치의무를 강제하고 있으나, 최근에는 그보다 작은 규모의 기업이라도 여성 근로자 수가 많은 업종의 경우 산업단지 등 인접한 다른 사업장과 공동으로 직장어린이집을 설치하거나 인근 어린이집과 위탁계약을 체결하여 젊은 부모의 보육 부담을 경감시키고 있다.

코로나19 사태 이후 사실상 하나의 트렌드가 된 재택근무도, 육아 중인 근로자를 위한 좋은 옵션이 될 수 있다. 팬데믹 이후 많은 회사들이 사무실에 직접 출근함을 원칙으로 하고 있으나, 가족을 돌보아야 하는 상황이 되면 일정한 기간을 두고 전면 또는 일부 재택근무를 허용하여 근로자가 일과 양육 모두에 힘쓸 수 있도록 지원하는 방법이다.

여기에 지자체나 공공기관을 중심으로 아예 자녀를 동반하여 출근하도록 허용하는 경우도 점차 생겨나고 있다. 이는 서구권에서는 아주 생소한 방식이 아닌데, 지난 2021년 기본소득당 용혜인 대표가 생후 59일 된 자녀와 함께 국회에 출근하며 해당 이슈를 일깨운 이후 우리나라에서도 직종이나 사내문화에 따라 점차 도입을 검토하는 추세다. 요즘 반려동물과 함께 출근하는 기업도 많은데, 자녀를 데리고 오지 못할 이유는 무엇인지 한 번쯤 고민해 볼 필요가 있다.

조금 더 거시적으로 살펴보자면, 단편적 육아 그 이상으로 근로자의 생활을 돕기 위한 각종 지원제도 또한 모성보호의 일환이 된다. 가령 회사에서 사내복지기금을 설립하고 첫 내 집 마련 또는 전세를 들어가려는 젊은 직원들에게 저리의 대출을 제공한다거나, 휴직 중인 사우(社友)라도 많고 적음을 떠나 생활비를 빌려준다는 등의 방식으로 일하는 엄마 아빠들의 걱정을 덜어줄 수도 있다.

제도의 변화만큼
인식의 변화가 뒤따라야

이상의 트렌드는 불과 수년 사이에 급격히 확산되는 추세다. 특히 코로나19 사태를 겪으며 기업도 근로자도 전통적인 노동의 방식이 전부가 아니라는 점을 깨달았기에, 어찌 보면 당연한 다양성의 존중을 대안적 방식이라는 키워드로라도 받아들이게 된 것이다.

다만 인식의 전환이 없는 제도 변화는 수많은 부작용을 발생시킬 수 있다는 점을 고려할 필요는 있다. 여전히 많은 회사에서 "우리 때는 이런 것도 없었다."는 식으로 큰소리를 치며 양육하는 청년 직원의 목소리를 외면한다거나, 같은 직원들 사이에서도 "자기 애만 중요하냐."는 등 불만의 목소리가 잠재워지지 않기 때문이다.

이는 두 가지 측면에서 그 원인을 찾을 수 있다. 먼저 제도상의 측면으로 볼 때 '시스템의 부재'가 그 원인이 될 수 있다. 회사가 인원의 공백에 대비하지 않고 주먹구구식으로 일을 하다가 누군가가 양육으로 인해 휴직하거나 재택근무하는 등으로 자리를 비우게 되면, 업무의 인수인계나 소통의 문제로 인해 남아 있는 동료 직원들의 업무 부담이 가중될 수밖에 없기 때문이다.

다른 하나는 직원 사이에서의 형평성 인식 문제다. 특히 이는 과거 육아와 업무를 동시에 견뎌내야 했던 중장년층 관리자에게서 많이 나타나는데, 스스로는 혜택을 누리지 못한 세대이면서 이제야 회사가 복리후생의 명분으로 이를 허용하다 보니 머리로는 이해하면서도 마음으로는 반발이 생기기 때문이다. 여기에 사내에서 성 평등 내지 모성보호, 일·가정 양립제도에 대하여 최소한의 교육조차 진행하지 않은 상태라면 그 불만은 오해를 넘어 적극적인 반대로 이어질 수 있다.

따라서 회사는 단순히 모성보호를 위한 제도를 양적으로 늘리는 것 이상으로, 구성원이 제도를 제대로 이해하고 활용하며 서로가 이해할 수 있는 질적인 개선에도 힘을 쏟을 필요가 있다. 특히 기업의 규모가 커질수록 사내에 좋은 복지제도가 있는데도 근로자가 이를 몰라 제대로 활용하지 못하는 경우도 많은 만큼, 주기적으로 사내복지 홍보 등 관련 정보를 제공하고 관리자들로 하여금 이러한 제도를 활용하도록 적극적으로 먼저 제안할 필요도 있다.

가끔 "굳이 회사가 이런 걸 먼저 알려야 하나?"라는 질문을 받을 때가 있는데, 그럴 때마다 필자는 "그렇다."고 답한다. 사람 관리란 돈을 한두 푼 덜 주고 더 주고 때문에 문제가 생기는 경우보다는, 소위 '신의'라고 하는 최소한의 상호 신뢰가 깨졌을 때 발생하기 때문이다. 아무리 힘들어도 회사가 직원의 고민거리를 들어주고 해결해 주는 노력이라도 한다면 그 직원은 남고, 제아무리 급여가 높더라도 사람에게 진심을 다하지 않는 회사는 어떤 직원도 로열티를 갖기가 어렵다.

여기에 제도를 활용하는 직원 또한 당연한 권리라고만 인식하기보다는, 회사 차원에서의 배려에 대한 최소한의 인식을 가질 필요가 있다. 이는 복리후생제도를 적극적으로 실시하는 회사의 인력관리 전략에 대한 제대로 된 인식뿐만 아니라, 자신의 주변에서 그 인식 개선에 동참하고 있는 동료에 대한 인식이 포함된다.

이렇게 회사도, 일하는 청년도 장기적인 시선을 가지고 근로자로서의 자신과 부모로서의 자신을 함께 돌볼 수 있다면, 적어도 노동 이슈로 인하여 자식을 갖고 싶어도 포기하는 안타까운 일은 점차 사라질 수 있을 것이다.

실무자 해설

◎ **ESG 경영과 모성보호제도의 확대**

환경(Environment), 사회(Social), 지배구조(Governance)의 비재무적 지표를 중점적으로 고려한 지속 가능한 경영을 뜻하는 'ESG 경영'은, 개별 기업에 따른 일시적인 경영활동이 아니라 지속적이고 상시적인 경영활동으로 많은 기업이 이에 매진하고 있다.

과거와 달리 기업이 ESG 경영을 중요하게 여기는 이유는 환경파괴, 안전사고와 같은 이슈가 불매 운동으로 이어져 기업 매출에 막대한 손실을 가져다주기도 할 정도로 재무적 지표에 직접적인 영향을 주기 때문이다.[46]

필자도 ESG 경영의 중요성을 체감한 바 있는데, 재직한 회사에서 ESG를 관리하는 전문 부서가 신설되기도 하였고, 장애인·미혼모·북한 이탈주민 채용 프로젝트, 탄소 배출 저감을 위한 전기차 도입 프로젝트와 스마트 오피스 활성화 등 ESG 관련 프로젝트가 매년 하나씩은 진행되었다.

지금까지 ESG 경영의 중요성에 대해 상세히 설명한 이유는, 모성보

....

[46] 대표적으로 SPC 공장에서 발생한 안전사고 이슈 이후, 인터넷을 중심으로 해당 업체 제품을 대상으로 한 불매 운동이 발생한 사례를 들 수 있다.

호제도가 ESG 경영에서 사회(S) 영역의 한 부분을 차지하는 중요한 요소이기 때문이다. 실제로 대규모 상장기업은 육아휴직 사용자 수, 육아휴직 사용 후 업무 복귀율 등을 ESG 지표로 활용하고 있으며, 해당 지표를 개선하기 위하여 모성보호제도 신설과 활성화를 위해 다양한 시도를 하고 있다.

예컨대, 필자가 재직한 회사는 법정 육아휴직 외에 1년 약정 육아휴직제도를 추가로 운용하며, 아내가 출산한 경우 1달을 의무적으로 육아휴직을 부여하는 남성 의무 육아휴직제도 또한 실시하고 있다.

이처럼 기업은 노동관계법령상 최소한도를 넘어 자체적인 모성보호제도를 도입하고, 단순히 형식적으로 제도를 규정한 것에 머무는 것이 아니라 제도 이용률도 높이고자 노력하고 있다. 이러한 노력에 따라, 이제는 여성 근로자의 경우 출산전후휴가 사용 후 육아휴직을 사용하는 것이 당연한 수순일 정도로 모성보호제도가 활발하게 논의되고 있다.

◎ 모성보호제도 확대 가능성 : 기업 가치 향상과 ESG 공시

ESG 공시 의무가 2025년에는 일정 규모 이상의 상장사, 2030년에는 전체 코스피 상장사에게 부여될 예정이다. 이는 모성보호제도의 활성화가 곧 기업 가치를 높일 수 있는 중요한 성과가 되는 것이기에 기업은 비록 모성보호제도로 인한 인력공백 등이 발생하여도 앞으로도 모성보호 이슈 저변은 계속하여 확대될 것으로 보인다.

따라서 기업은 단기적 관점에서 모성보호제도를 강화하는 것이 아니라 ESG 경영의 중요성이 날로 강조된다는 점을 고려하여 장기적인 관점에서 모성보호제도를 설계하고 운영을 활성화하는 것이 필요하다.

이를테면, 남성 육아휴직제도 사용을 확대하거나, 육아휴직제도 외에 육아기 근로시간 단축제도, 약정 육아휴직 제도를 활성화하면서 그에 따른 인력공백을 최소화할 수 있는 인력 풀을 형성하는 등 모성보호와 경영효율을 동시에 고려한 운영 방식을 고안해야 할 것이다.

한편, 근로자는 모성보호제도의 좋은 선례를 만들 수 있도록 해야할 것이다. 육아휴직 종료 후 복직한 이후에도 업무를 훌륭히 수행하거나, 육아기 근로시간 단축제도를 통해 일·가정 양립이 가능한 사례를 만든다면 ESG 경영 실현의 홍보 자료로 활용하여 모성보호제도가 더욱 활성화될 수 있을 것이다.

퇴직(退職)을 앞두고

PART 3

퇴사의 결심

직무, 보상 또는 관계의 불균형

어렵게 취업에 성공하였더라도, 일하는 청년의 경쟁은 이제 막 시작되었을 뿐이다. 직원에 대한 사회와 시장의 수요는 그가 가지고 있는 능력이나 자격, 스킬 등의 가치에 따라 극과 극으로 나뉘기에, 입사와 동시에 청년들은 새로운 경쟁의 동인을 마주하게 된다.

앞서 언급하였듯 '핵심인재', 즉 가치 있는 경력 경로를 설계하여 수행해 온 청년은 여기저기서 모셔가기 위해 안달이다. 특히나 라이센스 등을 보유하여 전문성 있는 직무를 담당하는 경우 더욱 그렇다. 또는 관련 업무를 지속 담당하며 이른바 '큰 건'을 해본 사람들의 가치는 매우 높기에, 경험이 일천한 청년으로서는 그러한 강점을 얻기 전까지 굳이 퇴사라는 극약처방을 선택할 필요가 없어 보인다.

하지만 애석하게도 많은 청년 직원들에게 이런 대우는 말 그대로 '꿈 같은 소리'이기에, 퇴사 또한 상기한 대로 논리적인 판단만으로 이루어 지지는 않는다. 신입사원 대다수가 만 3년 이전에 이직한다는 객관적 통계를 굳이 들고 오지 않더라도, '블라인드' 등 직장인 위주 SNS에는 "퇴사 이후 별다른 대책이 없지만, 일단 퇴사하고 싶다."라는 푸념 섞인 글이 하루에도 수없이 쏟아지고 있음을 볼 수 있다.

특히 이런 현상은 중소기업에서 심화되는 양상이다. 한 구직사이트 의 설문조사에서, 중소기업 160개사 중 87.5%에서 "지난해 채용한 신입사원 중 입사 1년 내 퇴사한 직원이 있다."고 답하였다. 특히, 그 비율 중 입사 후 3개월 이내에 회사를 떠나는 청년이 무려 56.4%에 이르는 등 조기퇴사 열풍은 사그라들 기미를 보이지 않고 있다.[47]

앞서 다루었듯 퇴사라는 행위는 적지 않은 리스크를 동반하는, 결코 달갑잖은 선택이다. 특히나 우크라이나 전쟁 이후 급속도로 얼어붙고 있는 세계 경제 상황과 그 사이에서 도산이냐 아니냐를 고민하며 허리 띠를 졸라매고 있는 기업의 좁디좁은 취업 문을 뚫는 것은 점차 어려워 지고 있다는 점에서 재취업은 기약 없는 미래에 불과할 수도 있기 때문 이다.

· · · · · · · ·

[47]   서울경제, "'신입 뽑았더니 6개월 못 버텨'… 중기 조기퇴사 이유는", 2023.03.20.자 기사.

그럼에도 불구하고, 이들은 왜 굳이 그 모험을 감수하려 하는가? 떠나가는 청년을 붙잡기 위해 어떤 것들을 고민해야 하는가?

신입사원이 생각하는 '좋은 직장' : 직무 · 보상 · 관계의 3박자

상기 설문조사에서, 직원이 회사에 밝힌 퇴사 사유 1위는 '실제 업무가 생각했던 것과 다르다(45.7%)'였다. 퇴사 사유 2위도 '직무가 적성에 맞지 않다(41.4%)'는 이유라는 점에서, 퇴사자의 절반가량이 일과 자신의 적합도(Fit) 문제로 인해 퇴사를 선택한다는 것을 알 수 있다.[48]

여기서 기업이 가장 먼저 고려해야 할 것은 "왜 생각했던 업무와 실제 업무가 다른가?"라는 질문을 스스로에게 던지는 것이다. 아무리 중소기업이라도 예전만큼 주먹구구식으로 사람을 뽑지 않기에, 요즘은 적어도 국가직무능력표준(NCS)을 참조한 직무명세서 · 기술서 등을 명시하거나 적어도 '무슨 업무를 할 것이다' 정도는 사전에 명시하는 경우가 대다수다.

이상과 실제 간 괴리가 발생하는 이유는, 서로의 기대가 다르기 때문이다. 어지간히 큰 기업이 아닌 이상, 직원은 말 그대로 근로계약서에

....
48 해당 설문조사는 복수응답임.

적힌 업무만을 수행하게 되지는 않는다. 정말 많은 중소기업에서는 한 사람이 계약서상 '핵심 직무' 외에 다수의 '잡일'을 수행하는 경우가 많으며, 경우에 따라서는 그 잡일이 원래 정해진 업무보다 양과 질 모든 측면에서 더 많아지는 상황도 심심치 않게 발생한다.

그 과정에서, 청년은 입사 당시 자신이 그렸던 직무에의 전문성과 이에 기반한 경력 경로가 모두 흐트러지는 괴리를 경험하게 된다. 회사가 더는 평생 고용을 보장하지 않는 상태에서, 특히나 많은 것들을 배워야 할 초창기의 시간을 헛되이 낭비하면 계속하여 도태될 것이라는 공포에 휩싸이게 된다.

그럼에도 불구하고, 한편으로 청년은 필연적으로 지갑이 궁핍하기에 보수라는 측면에서 망설일 수밖에 없다. 만일 생각과는 다른 일을 하더라도 자신이 인식하는 것 이상으로 많은 임금·복리후생 등 보상을 받고 있다면, 그 회사를 즉시 박차고 떠나는 것은 쉽지 않다. 이 경우에는 적어도 회사를 다니면서 라이센스 취득을 하는 등 '조용한 퇴직(Quiet Quitting)'을 준비하게 된다.

직무도, 돈도 마음에 들지 않는다고 해서 반드시 퇴사하는 것도 아니다. 주위에서는 누가 봐도 '블랙기업'인데, 쉽게 그 자리를 나오지 못하는 사람들이 있고 그들 대다수가 "사람 때문에 못 떠나겠다."는 말을 한다. 회사 자체는 불량하더라도 직장 동료나 선·후배와의 관계가 좋다거나, 적어도 자기 직속 관리자가 믿음직하고 본받을 만한 점이 있다고 하면 품속의 사직서를 쉽게 던지기는 어렵다.

만일 위의 세 가지 중 어느 하나도 만족하지 못하는 회사라면? 그 회사를 다니는 것은 말 그대로 '시간 낭비'이기에, 1년 미만 재직으로 향후 경력으로도 쓰지 못하게 될지라도 청년은 과감히 문을 박차고 나오는 선택을 하게 된다.

회사 "메뉴는 정해져 있다, 선택은 너의 몫."

이에 청년 사업가를 포함한 회사에서는 어떤 방식으로든 직원들이 남아 있을 동기부여를 하기 위해 고심이 많다. 위의 내용은 워낙 당연한 논리이며 실제로도 과거부터 쭉 사람을 잡는 핵심 요인으로 지적되어 온 만큼, 이를 모르는 사업가는 없기 때문이다.

다만 기업은 금전적인 지급능력이라는 현실적인 한계로 위 세 가지를 모두 보장할 만한 여력이 없다. 특히나 소규모 기업에서는 이제 막 사업이 확장해 나가는 단계에서 일정 비율 이상의 인건비를 지출하는 것에 부담을 가질 수밖에 없기에 급여 차원에서는 중견 이상의 기업에 절대적으로 열세를 보일 수밖에 없다.

소위 '황새 따라가다 가랑이가 찢어지는' 뱁새가 될 수는 없다 보니,

이제 많은 중소규모 사업장에서는 청년 취향의 다양성이라는 부분을 공략하고 있다. 위 3박자 모두를 맞추는 것은 현실적으로 어렵다 보니, 다른 부분을 어느 정도 희생하더라도 그중 하나만큼은 확실하게 보장해 주는 방식을 택하는 것이다.

이 경우, 기호성에 따라 해당 사업장의 방침과 전략에 동의하는 사람들을 유인할 수 있다는 강점이 발생한다. 가령 "나는 무조건 돈을 많이 벌고 싶다."는 직원을 모으려면, 적정 인력보다 적은 수의 직원만을 두고 그들에게 업무를 몰아주는 대신 그만큼 높은 임금을 지급하는 것이다. 특히 이 방법은 연구개발·전문직 등 근로시간 산정 특례업종에서 비일비재하게 일어난다.

다른 한편으로는 낮은 급여를 납득할 수 있는 좋은 업무환경을 조성하는 전략이 있다. 코로나19 이후 일상화된 재택근무를 통해 통근의 부담을 줄여준다거나, 선택적근로시간제·시차출퇴근제를 넘어 소위 '4.5일제'를 선택하는 기업도 증가하고 있다. 워라밸을 최고의 가치로 삼는 직원들에게, 이런 직장은 현실적으로 선택 가능한 꿈의 직장 중 하나가 된다.

예전에 비해 희석된 감이 있지만, 인간관계라는 점도 무시할 수 없다. 소위 공개채용에 따른 '기수제'를 고수하는 사업장에서는 상명하복식 시스템 등 과거의 잔재는 과감하게 철폐하고, 대신 동기들 간의 끈끈한 우정으로 사람을 묶어두는 방법을 선택하기도 한다. 사내동호회

조직 및 지원으로 일상생활에서의 친밀감을 올리는 등의 방식도 유의
미한 옵션이다.

상호 긍정적인 퇴사를
촉진하는 것도 하나의 방법

그러나 사람 마음이라는 것이 늘 그렇듯, 이론적으로만 모든 문제
가 해결될 수는 없다. 특히나 논리적인 선택을 하기에는 경험이 상대적
으로 부족하고, 오히려 젊은 혈기로 자신감을 가지고 추진력을 발휘하
는 청년층의 퇴직은 어찌 보면 애초에 막을 수 없는 일일지도 모른다.

이에 요즈음의 기업은 굳이 무리해가면서까지 직원의 퇴직을 막지
않는다. 이미 마음이 떠나버린 사람을 붙잡겠다고 당근을 흔들어 봐야
'시한부 조치'일 뿐이며, 언젠가는 떠날 것이라면 차라리 적당한 타이밍
에 이른 이별을 하는 것도 하나의 옵션이 될 수 있기 때문이다.

이에 채용 과정에서 미처 잡아내지 못했던 직무와의 부적합성 등으
로 고민하는 직원은, 그가 얼마간 더 잔류함으로써 중요한 일을 맡아
인수인계 등 업무상의 지장이 커지기 전에 상호 방출 전략으로 나아가
는 것이 필요하다. 물론 일방적으로 해고를 통보하라는 이야기가 아니
다. 이하의 섹션에서 이야기하듯 업무를 전환한다든가 그에 대한 최소
한의 상담으로 목소리를 들어보려 노력하는 과정이 필요하다.

다만 만 3년가량 지나, 회사에 어느 정도 적응하였고 스스로도 최소한의 역할을 하기 시작하는 시점이 되면 기업은 속된 말로 '질척거려서라도' 관계를 유지할 필요가 있다. 최근 대다수의 기업이 "(인력구성상)허리가 없다."며 어려움을 토하는 만큼, 관리자급이 아니더라도 실무에서 노련한 직무능력을 보여줄 수 있는 인재는 경력 시장에서도 구하기 힘든 만큼 웃돈을 얹어서라도 자리에 앉혀놓을 가치가 있다.

하지만 각고의 노력에도 불구하고 결과적으로 퇴직이 확정되었다면, 매너 있는 이별을 위해 기업은 여유가 되는 한 직원의 원활한 재취업을 위한 지원을 해줄 필요도 있다. 굳이 '퇴직위로금' 같은 금전적 방법이 아니더라도 서로의 앞날을 축복해 줄 방법은 많기에, 다시는 안 볼 사람이라고 생각하면서 정 없는 이별을 택한다면 장래의 가능성을 차단하는 꼴일 뿐이다.

이처럼 기업은 스스로 선택한 '유인책'을 흔들며, 꼬이는 직원은 적극적으로 불러들이고 이탈하는 직원은 굳이 잡지 않는 선택적이고 전략적인 인적자원관리의 초입에 들어서 있다. 다양한 직원의 니즈에 부응하기 위한 기업의 고민은 앞으로도 계속될 것이며, 그 과정에서 나올 수많은 대안의 귀추가 주목된다.

실무자 해설

◎ 조직은 더 이상 개인을 책임지지 않는다

'파랑새 증후군(Blue Bird Syndrome)'이란 미래의 막연한 행복만을 추구하며 현재의 일에는 열정을 느끼지 못하는 현상을 말한다. '대(大) 퇴사의 시대'라 일컫는 요즘, 파랑새 증후군은 더 좋은 직장을 찾아 끊임없이 이직을 갈망하는 현대 직장인들을 의미하는 표현으로 쓰이기도 한다.

물론 과거에도 퇴직에 대한 욕구는 있었으나, 지금처럼 실제로 퇴사로 이어지는 경우는 드물었다. 여기에는 많은 요인들이 있겠으나, 그 중 하나는 경력 설계가 더는 조직이 아닌 개인에 초점을 두고 있기 때문이라고 본다.

IMF, 글로벌 금융위기를 거치며 평생직장의 개념은 사라진 지 오래되었고, 구조조정이 일상화되면서 조직이 보장하는 미래보다 개인의 역량과 경험이 미래를 보장한다는 인식이 강해졌다. 이에 따라 조직에 대한 충성심으로 자신의 경력을 희생하는 일은 보기 어려워졌고, 조직 내에서의 직무와 보상 또는 관계가 자신의 경력에 부정적인 영향을 끼친다고 여기면 과거보다 쉽게 퇴사를 결정하는 일이 빈번해졌다.

이론적으로는 심리적 계약(Psychological Contract)으로 설명할 수 있다. 심리적 계약이란 근로계약상 명시적으로 드러나지 않는 '조직과 개인 간 암묵적인 상호교환 관계'를 의미하며, 이에 따라 개인의 공헌과 조직의 보상 간 묵시적인 계약관계가 파기되는 경우 이직의 원인이 될 수 있다.[49]

이를 토대로 살펴보면, 과거 평생직장의 개념이 존재하던 시기에는 비록 개인에게 직무, 보상 측면에서 손실이 발생하여도 조직이 장기적인 관점에서 충분히 보상할 것이라는 '관계적 계약'이 지배적이었으나, 현재는 개인에게 직무, 보상 등에 손해가 발생하면 오래 기다리지 않고 퇴사하는 '거래적 계약'이 지배적이라고 볼 수 있다.

이처럼 회사도, 직원도 장기적 관점에서 공헌과 보상이 이루어질 것을 기대하지 않는 시대이기에 직원들은 더는 자신의 보이지 않는 공헌을 회사가 알아주리라는 기대를 하지 않는다. 대신 자신의 몸값을 높여 이직을 도모하거나, '받은 만큼 일하는' 거래적인 관계를 형성하려고 시도한다.

이러한 분위기 속에서 직무, 보상, 관계가 불만족스럽거나, 커리어를 발전시킬 수 있는 기회가 주어지면 '회사는 더 이상 자신을 책임지지 않는다'는 판단 아래 주저하지 않고 이직을 선택하게 된다.

그렇다면 회사는 직원의 퇴사를 방지하면서 조직의 역량을 축적하고 성과를 창출하기 위해서는 어떻게 하고 있을까? 이제는 회사도 퇴

••••••••

49 Rousseau, Denise M(1995). Psychological Contracts in Organizations: Understading and Unwritten Agreements. Sage Publications.

사를 막기 위한 방법을 찾기보다 활발한 이직 시장을 어떻게 활용할 것인지에 초점을 두고 있다.

즉, 인적자원 포트폴리오를 체계적으로 구성하여 핵심인재에게는 전략적인 승계 계획으로 회사 내에서 경력 욕구를 충족할 수 있도록 유도하고, 직무가치와 특성에 따라 이직 시장을 적극 활용하여 경력직 채용, 비정규직 채용 등으로 퇴사에 대응하는 방식을 취함으로써 단순히 퇴사를 막기 위해 노력하는 것이 아니라, 전략적으로 이직 시장을 활용하는 방식을 택하고 있다.

회사도, 직원도 이제 연공, 학력과 같은 전통적인 인적자원 가치판단 기준이 아니라, 직무 전문성과 업무경험과 같은 객관적이고 특징적인 기준에 따라 고용 안정성, 보상, 대우 등의 근로조건이 결정된다는 점을 충분히 인식하고 있다고 본다. 이는 최근 전문직 취득 지원자의 수가 계속해서 증가하는 것을 보면 알 수 있다.[50]

따라서 청년들은 앞으로 자신의 역량을 정확히 파악하고 경력 설계에 대해 깊이 고민하여 이를 바탕으로 직무 전문성을 확보하려는 노력이 필요하다.

50 조선일보, "노무사 · 감정평가사… 전문직 지원자는 최다, 공무원 경쟁률은 최저", 2022.8.24.자 기사.

◎ 구관이 명관, 재입사의 증가

직무, 보상, 관계에 불만을 품고 퇴사하여 새로운 직장으로 옮긴 이후, 오히려 더 큰 불만족을 느끼는 경우도 상당히 많다. 면접에서와는 다른 직무, 보상과 대우에 실망하고, 조직문화와 업무 스타일이 맞지 않아 이전 직장이 낫다는 생각을 하게 되는 경우도 적지 않다.

이에 최근에는 '이전 직장이 더 낫다'는 생각에 그치는 것이 아니라 실제로 이전 직장에 재입사하는 사례가 증가하고 있다. 필자도 현장에서 재입사하는 사례를 심심치 않게 목격하기도 하였다. 아마, 회사도 재입사자도 서로에게 안전한 선택지이기에 가능한 일이라고 본다.

이렇게 재입사 사례가 증가하면서 회사는 또 다른 고민을 안게 되는데, 재입사자의 연봉이 이직과 재입사를 거쳐 두 번 상승하면서 이직하지 않고 근속하던 직원보다 재입사자의 연봉이 더 높아지는 기현상이 발생하는 것이다.

이로 인해 "연봉 협상을 하려면 이직을 해야 한다."는 우스갯소리도 나올 만큼 재입사자에 대한 대우가 문제가 되는데, 이는 자칫 조직의 급여 체계에 영향을 줄 수도 있고, 기존에 로열티를 가지고 회사에 복무하던 직원의 사기 저하를 불러올 수 있어 깊은 고민이 필요한 이슈이다.

이러한 상황에서 회사는 경력직 직원이나 재입사자에 대한 대우로 인해 기존 직원에게 불이익이 가지 않도록 대우하는 것에 초점을 두고 있다. 경력직 직원이나 재입사자로 인한 임금 역전 현상이 나타난다면 회사에 로열티를 가진 기존 직원들의 근로 의욕이 저하되는 것이 더욱 큰 문제라고 판단한 것이다.

이제 퇴사를 막는 시대는 지났다. 회사도, 개인도 언제든지 고용관계를 정리할 수 있다는 것을 전제하고 있다.

그렇다고 퇴사를 장려하려는 것은 아니다. 다만, 회사는 회사에 보이지 않는 공헌을 하는 직원에게 최대한 즉각적이고 가시적인 보상을 통하여 회사에서 지속적으로 성장할 수 있도록 관리하고, 직원은 직무능력과 책임감을 높여 자신의 가치를 향상시킨다면, 회사도, 직원도 모두 긍정적인 방향으로 나아갈 수 있을 것이다.

직장 내 괴롭힘

청년을 괴롭히는 '장기근속의 적'

직장생활은 필연적으로 단체생활이다. 인간은 혼자 할 수 없는 큰 규모의 일을 보다 효율적으로 수행하기 위하여 집단과 조직을 만들었고, 회사는 각자의 역할을 기대하는 여러 직원과 근로계약을 맺고 그들의 협업으로 목표를 달성해 나간다. 이들이 긴밀히 협력할수록 개인 능력의 합보다 더 큰 성과를 나타낼 수 있지만, 거꾸로 제대로 손발이 맞지 않는다면 혼자서 할 일도 제대로 하기 어려워진다.

바로 여기서, 앞선 섹션에서 살펴보았던 인간관계라는 직장생활의 한 축이 탄생한다. 전통적인 관료제 부서든 현대적인 팀제 부서든, 회사는 둘 이상의 직원을 서로 묶어 공통된 목표를 가지고 업무를 수행토록 한다. '사공이 많으면 배가 산으로 가니' 업무의 키를 잡는 사용자 내지는 그 대리인인 관리자와 그 아래에서 지시에 따라 움직이는 직원의 상하구조가 생긴다.

지난 2019년 7월 16일부터 시행된 「근로기준법」상 '직장 내 괴롭힘'이란 개념은 결국 근로계약이 가지는 사용과 피용 관계의 본질을 제대로 이해하지 못한 데서 나오는 비극이다. 사용자를 포함한 집단은 계약상 근로자의 의무를 넘어서는 행동이나 책임 따위를 요구하게 되고, 그러한 강제성 있는 요구가 지속될 때에는 근로계약을 더 이상 계속하기 어려운 신체적·정신적 고통이 수반되기 때문이다.

이상에서 설명한 내용처럼, 법에서 정하는 '직장 내 괴롭힘'이란 단순히 '힘들다'거나 '고통스럽다'라는 결과만으로 판단하는 개념이 아니다. 구체적으로, ①직장 내 위계 또는 위력에 기인하여 ②업무 연관성이 있는 행위로써 적정 범위를 초과하여 ③그로 인해 피해 근로자에게 신체적·정신적인 피해를 입히거나 정상적인 근로를 제공하지 못하도록 하는 '과정과 결과'가 모두 포함된 복합적인 개념이다.

일하는 청년이 마주하는 괴롭힘의 원인과 유형

앞서 설명한 세 가지 구성요건 중 첫 번째 요건은, 사회초년생인 일하는 청년이 절대적으로 직장 내 괴롭힘의 피해자가 되기 쉽다는 당연한 논리로 귀결된다.

직장이라는 집단은 결코 평등하지 않다. 아무리 직원의 참여를 독려하는 현대의 사업장에서도 결국 상하관계나 집단 대 개인의 관계는 우열의 단계를 만들어 내기 때문이다. 특히나 아직까지도 장유유서식 유교의 잔재에서 완전히 벗어나지 못한 우리 사회는, "젊으니까 이런 정도는 참고 견뎌야 한다."는 암묵적이지만 확실한 저의를 갖고 청년을 대하고 있다.

이 위계의 논리는 여러 가지 결괏값으로 청년들에게 나타난다. 업무학습 중 모욕적인 폭언을 듣거나, 여럿이 보는 앞에서 "시킨 일 하나 똑바로 못 한다."며 면박을 주는 등 공개적인 행위로 상처 입은 청년들이 많다. 폐쇄적이고 보수적인 집단일수록, 가해행위를 포장한답시고 "다 너 잘되라고 하는 말이야."라고 떠드는 가스라이팅은 심해진다.

야근이나 조기출근을 강요한다는 등 회사 내에서의 일만 있는 것도 아니다. 상급자의 사적 심부름부터 강압적인 회식문화, 신입사원 환영식에서의 장기자랑과 같은 일은 몇십 년 전의 악습이 아니라 당장 지금도 이 나라 어디에선가 꾸준히 이어져 오며 간간이 뉴스 사회란이나 사건·사고 지면을 장식하고 있다.

게다가 괴롭힘이란 꼭 무언가의 작위적 행동으로 나타나는 것도 아

니라는 점에서 사전에 포착하고 발견하기도 쉽지 않다. 따돌림으로 대
표되는 기수 열외 내지 무시와 같은 부작위적 행위와 일감을 전혀 주지
않는다거나 타인에 비해 가치 없고 단순한 일만을 합리적인 이유 없이
몰아주는 행위 또한 괴롭힘에 속할 수 있다.

심지어 상하 위계뿐만 아니라 동료 집단에서도 괴롭힘은 발생한다.
소위 '사내정치'가 심한 회사에서는 대세가 되는 내부 주류집단이 그렇
지 못한 집단이나 개인을 괴롭히는 일이 생긴다. 지나친 경쟁의 폐해로
동료들 가운데 특정 몇 명만이 살아남을 수 있을 때에도, 소위 '노노 간
갈등'으로 일컬어지는 대립적 복수노조 사업장에서도 직원 간 괴롭힘
의 소지가 항상 잠재되어 있다.

∥ 괴롭힘의 결과는 극단적이다

∥ 그럼에도 불구하고 일하는 청년들은 목소리를 낼 용기조차 갖지
못하는 경우가 많다. 실업률이 하늘 높은 줄 모르고 솟아오르는 경기
침체의 시대에, 어떤 방식으로든 회사와 사회에 적응하고 생계를 꾸려
나가야 할 생존의 문제가 걸려 있기 때문이다. 좋은 회사라면 들어오기
까지의 노력이 아까워서, 그렇지 않은 회사라도 나갔을 때의 대안이 없
기에 참고 견디는 사람들이 많다.

너무 힘들어 어렵사리 주변인에게 얘기를 꺼내더라도 '네가 참으라'

면서 별다른 해법을 제시해 주지 못할 때, 그 고통은 역치값을 넘게 된다. 퇴사 후 은둔을 선택하며 '사회 부적응자'의 낙인이 찍힌 청년부터, 꾸역꾸역 회사 생활을 하면서도 정신과를 들락거리는 청년, 견디는 과정에서 스스로도 닮기 싫었던 선배의 모습을 답습하며 '젊은 꼰대'로 각성하는 청년까지…

이 모든 결과는 가해자가 아니라 오롯이 피해자의 몫이 된다는 점에서 문제는 더욱 심각하다. 위계 또는 위력이라는 요건에서 보이듯, 절대다수의 사건에서 가해자는 피해자보다 직장 내에서 힘이 있는 존재다. 약한 모습을 보인다고 물어뜯던 포식자로서의 가해자가, 과연 피해자가 권리를 찾겠다며 문제를 제기한다고 "내가 그동안 정말 잘못했다."며 뼈저리게 반성하는 경우가 과연 몇이나 될까?

노무사 생활을 하며 직장 내 괴롭힘 사건도, 사내조사위원도 여러 차례 경험하게 되지만 그럴 때마다 오히려 가해자로 지목된 사람이 자신도 피해자라며 소위 '맞고소'로 나올 때가 있다. 물론 실제로도 쌍방 가해인 경우도 적잖으나, 그렇지 않은 경우에도 가해자가 '배 째라'식으로 나오면서 사건종료 및 징계·분리조치 등 조치 이후에도 2차 가해를 서슴지 않는 경우도 많다.

그렇기에 대다수의 피해자들은 그 직장 내 괴롭힘 인정 여부와 관계없이 회사를 떠날 각오 아래 공론화를 시도한다. 물론 괴롭힘으로 인한 퇴직은 구직급여를 받을 수 있는 비자발적 퇴직으로 인정되지만, 그가 받은 육체적·심리적 상처라는 부작용과 원치 않는 중도퇴사에 따른 경력 경로의 중단은 큰 꿈을 꾸며 입사한 청년 근로자에게는 비극적 결말이 아닐 수 없다.

괴롭힘 관리를 위한 회사의 노력 필요

이런 괴롭힘 행위는 회사 차원에서도 '물 흐리는 미꾸라지'와 같기에, 요즈음 인사부서의 주된 업무 중 하나가 직장 내 괴롭힘 대응이라고 해도 과언이 아닐 정도로 그 관심이 높아지고 있다.

이에 적지 않은 회사가 「근로자참여법」상 고충처리제도나 그에 준하는 방식으로 근로자들의 애로사항을 청취하고 있다. 특히 괴롭힘 행위를 공론화하기 위해서는 적어도 상담 단계에서는 그 비밀이 철저하게 지켜져야 하기에, 직장 내 괴롭힘 대응 담당자를 별도로 두어 문제 상황을 세밀하게 지켜보려는 노력의 일환이다.

담당자와의 상담 및 내부적 판단에 따라 직장 내 괴롭힘이라고 특정된다거나, 애초에 근로자가 피해 사실을 조사하고 가해자들에게 합당한 조치를 해달라는 명시적인 요청을 해온다면 직장 내 괴롭힘 조사위원회를 열어야 한다. 임시적으로 가해자와의 분리조치를 실시하고, 괴롭힘 판단 과정에서 필요하다면 공인노무사 등 전문가의 조언도 망설이지 않고 구할 필요가 있다.

다만 이런 '엎질러진 물 담기'식의 사후적 대응보다는, 사전적 예방으로써의 회사의 노력이 더욱 중요하다. 이미 발생한 괴롭힘과 그로 인한 피해자의 상실감은 직장생활을 유지하기 위한 최소한의 신뢰 관계를 근본적으로 박살 내는 행위가 될 수 있기 때문이다.

때문에 많은 회사에서 형식적으로만 흉내 내고 있는 직장 내 괴롭힘 및 성희롱에 대한 교육부터 제대로 실시할 필요가 있다. 괴롭힘의 요건과 그 구체적인 행위 예시를 알리고, 발생 시 신고 또는 대처 요령과 함께 "우리 회사에도 담당자가 A씨로 지정되어 있다."는 등의 최소한의 정보만 제공하더라도 서로 조심하는 분위기가 형성될 수 있다.

나아가 회사가 일일이 챙길 수 없는 부분에 대해서는 과감하게 신뢰할 만한 근로자집단에 위임할 필요도 있다. 노사협의회 근로자 위원이나 근로기준법상 근로자대표 등 대표성이 있는 직원들은 상대적으로 연륜과 경력을 가진 '어른'이기에, 회사가 직접 나서기 곤란한 갈등 문제를 자율적으로 중재할 능력을 가지고 있다는 점을 고려해야 한다.

더하여, 현대 사회에서 도급·하청 등으로 복잡한 근로계약 관계가 만들어진 상황에서도 그 관계에 따른 위계가 발생할 수 있다는 점도 고려해야 한다. 3자 간 관계에서 지나친 '갑질'이 이루어지지 않도록 「산업안전보건법」상 도급협의체 등을 제대로 구성하여 오해 없는 소통이 가능하도록 조치할 필요가 있다.

근로자 스스로의
상호 배려와 존중도 필요

구성원이 되는 직원 개개인도 서로가 독립된 타인으로 존중해야 한다는 사실을 항상 인지하면서, 자신의 행동이 상대방에게는 원치 않는 결과를 가져올 수 있다는 점을 항상 고려해야 한다.

특히나 예전과 달리 많은 청년 직원들은 사생활의 영역과 일터에서의 영역을 뚜렷하게 구분하고 있다. 이에 행위자 입장에서는 쉽게 말해 조금 친해져 보겠다고 이런저런 말들을 건넸을 뿐인데, 받아들이는 입장에서는 지나친 간섭이라고 느끼며 불쾌한 감정으로 이어질 수 있다는 역지사지의 마음을 가질 필요가 있다.

혹시라도 괴롭힘이 될 만한 일을 제3자의 입장에서 보았다면, 개선의 여지가 있는지를 파악하고 만약 그렇다면 스스로부터가 그 행위를 하지 않도록 노력해야 할 것이다. 여러 차례 중재를 시도하였음에도 개선되지 않는다면 괴롭힘 담당자 또는 직상급자에게 문의하여 더 큰 건으로 번지기 전에 적절한 차단을 꾀할 수도 있다.

여기에 더하여 조금은 조심스러운 말이지만, 근로자 스스로도 단순히 당장 스트레스 받는다는 이유만으로 직장 내 괴롭힘 신고의 권리를 남용하여서도 안 된다. 실제로도 많은 사업장에서 단순한 쌍방 의견 충돌을 마치 자신이 엄청난 피해를 일방적으로 입은 것처럼 포장한다거나, 습관적으로 별다른 이유 없이 직장 내 괴롭힘 신고를 하여 팀플레이의 근본을 흔드는 일도 많이 보인다.

내가 부당하다고 생각하더라도 그것이 단순히 내 기분이 나쁜 정도인지, 아니면 객관적으로도 부당하다고 판단될 것인지를 스스로가 헤아리는 시간과 자아 성찰 능력이 필요하다. 특히나 회사 차원의 업무분장이나 상급자의 정당한 지휘명령을 별다른 이유 없이 거부한다거나, 최초 원인제공이 근로자 본인이었기에 그에 합당한 조치나 징벌 등이 가해졌다는 이유를 들어 직장 내 괴롭힘이라고 할 수는 없기 때문이다.

이처럼 직장 내 괴롭힘 문제는 사람의 마음을 헤아리는 복잡한 일이면서도 관리에 소홀했다가는 조직 전체의 사기를 침체시키는 폭탄의 뇌관과도 같다. 이러한 리스크를 줄이고 노사가 상호신뢰하에 오랜 기간 동행할 수 있도록, 서로가 조심하고 끊임없이 배우며 개선을 위해 노력하는 건전한 관계가 될 수 있도록 함께 노력해야 할 때다.

실무자 해설

직장생활을 하면서 종종 "이거 직장 내 괴롭힘 아니에요?"라는 질문을 받는다. 물론, 대부분 농담으로 하는 질문이었지만 '직장 내 괴롭힘'이라는 용어를 일상적인 대화에서 접할 정도로 흔한 이슈가 되었다는 점에서 직장 내 인간관계는 개인에 국한된 문제가 아니라는 것을 체감하였다.

과거에는 퇴근 시간이나 휴일에도 상사의 부름에 응하는 것은 당연했으며 영업 실적을 달성하기 위해서는 폭언, 폭력도 용납되는 분위기였다. 그러나 「근로기준법」을 통해 직장 내 괴롭힘을 규제함으로써 사용자에게 조사 및 조치 의무가 부과되었고, 개인의 문제였던 직장 내 인간관계가 조직에서 다루어야 할 이슈로 급부상하고 있다.

이 법 시행에 따라 회사는 조직 내 인간관계에서 발생하는 크고 작은 일들을 공식적으로 처리하게 되었으며, 이를 통해 조직 내 부조리한 관행과 악습을 없앨 수 있었고, 청년들의 눈높이에 맞는 유연한 수평적 조직문화가 이루어지는 데 일조하였다는 확실한 성과가 나타났다.

그런데 회사가 공식적인 방식으로 직장 내 괴롭힘 문제를 다루기 시작하면서 또 다른 문제가 발생하였다. 회사가 직장 내 괴롭힘이라는 판단하에 적절한 조치를 하였는지와 관계없이 당사자 간 갈등의 불씨가 지속되거나, 가해자의 인식 변화가 없어 재발하는 등 근본적인 문제 해결이 어렵다는 점이다.

실제로, 직장 내 괴롭힘을 저지른 가해자를 새로운 부서로 배치하여
도, 해당 부서에서 또 다른 문제를 일으키거나 가해자에 대한 평판이
공유되어 기존 직원이 반발하는 등 조직 갈등으로 비화되는 상황도 발
생하며 또, 가해자는 억울함을, 피해자는 적절한 조치가 없음을 이유
로 퇴사하는 상황도 발생한다.

이처럼 직장 내 괴롭힘은 법리적, 절차적으로만 다루어야 할 문제가
아니다. 법적으로는 적절한 처리가 이루어지더라도 실무적으로는 조
직의 분위기와 기업 이미지에 부정적인 영향을 미치게 되고, 당사자는
물론 회사에 환멸을 느낀 주변 직원들의 퇴사를 불러일으킬 수도 있다.

따라서 회사는 「근로기준법」상 부여된 고충처리제도나 법정 의무교
육 외에도 자발적인 조직문화 개선 및 추가적인 교육 프로그램을 수립
하여 직장 내 괴롭힘을 사전 예방할 수 있는 시스템을 갖추어야 하고,
직원은 회사와 동료의 도움을 충분히 활용하는 것이 중요하다.

구체적으로, 회사 차원에서는 종업원 지원 프로그램(Employee
Assistance Program : EAP)을 시행하는 것을 추천한다. EAP란 직원이
가지고 있는 개인, 가정, 직장, 재무, 법률 등의 문제를 전문가의 도움
으로 해결할 수 있도록 지원함으로써 행복한 일터를 만드는 프로그램
을 말한다.

이 프로그램에 따르면 경력개발, 대인관계, 심리상담, 법률상담, 부

부대화법, 자녀진로탐색, 육아 상담 등 다양한 분야에서 직원을 지원하는 과정에서 자연스럽게 직장 내 괴롭힘에 대한 문제를 다룰 수 있게 된다. 결과적으로 단순히 직장 내 괴롭힘 문제 해결이 아니라 전사적인 일·가정 양립이 달성되고, 직원의 만족도와 로열티가 향상되고 이직률도 낮추는 효과도 발생할 수 있다.

필자가 재직한 회사에서는 심리상담 프로그램을 운영하였다. 해당 프로그램은 어느 직원이나 비공식 신청을 통해 전문 심리상담가에게 상담을 받을 수 있도록 하였으며, 직원의 심리적 안정을 돕기 위한 복리후생 차원의 프로그램이었다. 이는 심리상담가의 객관적인 관점에서 직원의 개인, 가정, 직장에서의 문제 해결에 도움을 줄 수 있어 직원들의 만족도가 상당히 높았다.

해당 프로그램을 통해 전문가의 도움으로 직원 본인이 과민했던 것인지, 직장 내 괴롭힘인지 모호했던 상황을 분명히 판단할 수 있으며, 개인적으로 대처할지 혹은 회사에 공식적으로 조사 및 조치를 요구할지 등 객관적인 대처 방안도 수립할 수 있어 직장 내 괴롭힘 예방과 대응에도 유용한 프로그램이었다.

한편, 직원의 입장에서 직장 내 괴롭힘에 대처하기 위해서는 적극적으로 주변의 도움을 필요로 할 수밖에 없다. 사실 직장생활을 하다 보면, 직장의 분위기, 상사의 평소 성향이나 상황에 따라 직장 내 괴롭힘인지 불분명하여 즉각 고충처리제도를 이용하기에는 부담스러운 경우가 많다.

그래서 스스로 직장 내 괴롭힘이라고 하기 모호한 사건을 가장 가까운 사람에게 이야기하고 공식적인 문제 제기로 나아갈지 검토한다면 직장 내 괴롭힘에 대해 더욱 명확하게 대처할 수 있다.

종종 필자에게 "이거 직장 내 괴롭힘인가요?"라며 질문한 사안이 실제로 관련 이슈로 비화하기도 했다. 필자뿐 아니라 주변 직원들도 직장 내 괴롭힘이라 판단했던 이 사건에서, 해당 직원은 주변 동료들과의 커뮤니케이션을 통해 자신의 상황을 객관적으로 판단하였고, 문제가 된 상사와 직접 담판을 지어 원만히 해결하였다.

만약, 해당 직원이 상사와 직접 소통한 이후에도 상사가 사과하지 않거나 적반하장으로 대처하였다면, 해당 직원은 주저 없이 회사의 공식적인 절차를 통하여 문제를 해결하였을 것이고, 그 과정에서 주변 동료들의 도움을 얻을 수 있었을 것이다.

비록 그 과정에서 괴롭힘과 관련된 사실관계 등이 모호하여 판단하기 어려운 경우도 있으나, 필자는 이러한 현상이 기존의 잘못된 관행을 없애고 건전한 조직문화를 구축하기 위한 과도기적 증상이라 여긴다. 따라서 회사도, 직원도 조직문화를 근본적으로 변화시킬 수 있는 방도를 찾아 서로 노력해 나가는 과정이 필요할 것이다.

징계와 해고

사유·양정 그리고 절차의 삼박자

회사 다니면서 좋든 싫든 경위서 한 번 안 써본 사람이 얼마나 될까? 필자도 지난 2015년 겨울, 수습 기간 중 서울시청 앞 스케이트장 취재 도중 빙판에서 넘어져 본체 값만 3,000만 원짜리 ENG 카메라를 박살 내 눈물의 경위서를 처음 쓴 이래 두어 차례는 있었던 듯하다. 내 과실 이 얼마나 되든 소위 '불미스러운 일'인 만큼 굳이 다시 경험하고 싶지 는 않은 일이었다.

그러나 사안에 따라 위와 같이 내 실수로 인한 '해프닝' 정도로 끝나 는 일들만 있는 것은 아니다. 처음에는 별일 아니겠지 싶다가도 생각보 다 심각한 사안이 되어 회사가 그냥 넘어가기 어려운 사안으로 발전하는 경우도 많고, 아예 처음부터 '빼박'으로 징계감이 되는 사건도 심심 찮게 발생한다.

개인의 업무상 고의 또는 과실로 인해 회사에 손해가 발생하는 경우, 회사는 이처럼 '징계'라는 카드를 만지작거리게 된다. 다만 이 방법은 직원에게뿐만 아니라 회사에도 썩 달갑지 않은 최후의 카드인 데다가, 후술하는 내용처럼 징계의 정당성이라는 판단과 그로 인한 분쟁의 씨 앗이 될 수 있다는 점에서 상당히 조심스럽게 접근할 수밖에 없다.

특히 젊은 직원들은 징계의 이력이 앞으로 한참 남은 커리어에 큰 누 가 될 가능성 때문에라도, 자신이 잘못한 바는 인정하더라도 그 징계 수준이 너무 과하다면 주저하지 않고 목소리를 낸다. "자기 잘못으로 징계받을 상황인데 이에 미리 대응하고자 한다."며 징계위원회가 소집 되기도 전에 노무사 사무실로 찾아오는 사람들도 종종 있다.

여기에 징계는 그 최대수위로 회사가 근로계약을 일방 종료시키는 '징계해고'까지 검토할 수 있는 만큼, 이하에서는 징계의 세 가지 정당 성에 대한 다소 딱딱한 법리를 논하고자 한다. 실무적 징계이슈를 짚어 보기에 앞서 그 기반이 되는 내용이니 반드시 숙지하기를 권한다.

징계의 사유 :
근로계약상 의무의 위반

근로계약은 분명히 사용자와 근로자를 양 당사자로 하는 '쌍무계약'이므로, 당사자는 군이 계약서에 명문으로 적혀 있지 않더라도 각자 그 계약의 정상적인 이행을 위해 지켜야 할 의무를 갖게 된다.

그중 근로자의 의무에는 '성실의무'가 있다. 성실의무는 업무를 함에 있어 통상적인 주의의무를 다하며, 업무와 반드시 직접 연관되지는 않더라도 사회적인 시선으로 볼 때 특정 기업의 사원으로서 인식되는 한 지켜야 할 최소한의 매너 등을 다해야 할 의무를 말한다.

이에 대다수의 징계는 전자 즉 '업무 연관성'이 있는 이슈에서 발생한다. 업무 도중 자신의 고의 또는 과실로 결과물에 심대한 피해를 미쳤다거나, 업무를 함께 하는 동료와의 심각한 불화나 싸움, 직상급자의 정당한 업무 지시에 불응한다거나 이를 게을리하는 등의 행위는 모두 '정상적인 근로계약의 이행을 방해하는 행위'라서 분명히 징계의 대상이 될 수 있다.

그러나 일반적으로는 근로계약과 관계없는, 즉 업무 외 개인의 사생활 또한 징계의 대상이 될 수 있다. 판례는 '사업 활동에 직접 관련이 있거나 기업의 사회적 평가를 훼손할 염려가 있는 경우' 사생활에서의 비행 또한 징계 사유가 될 수 있다고 판단[51]하고 있다.

이에 실제로 지난 2022년 LH에서 내부정보를 이용해 땅을 사들인 직원의 해고가 정당하다는 중앙노동위원회의 결정[52]이 있었다. 그 외에도 업무시간에 '사설 토토'를 하거나[53], 여러 차례에 걸쳐 음주 상태로 출근하거나[54] 음주 및 무면허 운전을 반복하여 집행유예가 선고된 경우[55] 등에서 각각 해고의 정당성이 인정되는 등 상황에 따라 소위 최소한도의 '품위유지의무'에 저촉된다면 징계 사유가 될 수 있다.

징계의 양정 :
잘못한 만큼만 징계해야

징계의 사유가 인정되더라도, 그 사유에 걸맞은 징계가 이루어지지 않는다면 제대로 된 징계가 될 수 없다. 사유에 비해 낮은 수준의 징계를 한다면 계도의 효과가 떨어지고 동일한 과오를 반복할 가능성이 커지며, 사유에 비해 높은 수준의 징계는 '과잉징계'로 노동위원회나 법원에서 그 정당성을 다투는 분쟁의 씨앗이 될 수 있기 때문이다.

51 대법원 1994.12.13. 선고, 93누23275 판결. 대법원 2011.12.14. 선고, 2000두3689 판결 등.

52 연합뉴스, "내부정보 이용해 땅 사들인 LH직원… 중노위 "해고 정당"", 2022.7.31.자 기사.

53 대법원 2015.2.16. 선고, 2014두14365 판결.

54 서울행법 2006.7.21. 선고, 2005구합28584 판결.

55 대법원 2007.11.15. 선고, 2005두4120 판결.

회사마다 다르지만, 징계의 양정은 경징계(견책·감봉)와 중징계(정직·징계해고)로 나뉜다. 사업장 내 횡령 등 금전적 비리 사건이나 사내 폭행·협박, 직장 내 괴롭힘·성희롱 등 법으로 금지된 내용이 아닌 이상 단순한 개인의 실수는 처음부터 중징계로 다룰 수는 없다.

특히 징계 중 감봉은 「근로기준법」 제95조에서 총액 기준 월급의 10% 이상을 초과할 수 없도록 정해두었음에도, 생각보다 많은 회사에서 이러한 부분을 몰라 임금액을 지나치게 감봉하여 징계 외 임금 미지급 이슈로까지 발전하는 경우가 발생하니 주의하여야 한다.

첨언하자면, 가끔 징계의 종류를 고름에 있어 '시말서'가 징계가 될 수 있다는 점을 모르는 경우도 있다. 단순한 사건의 사실관계를 묻는 '경위서'는 징벌적 성격이라고 보기 어려우나, 사건의 사실관계와 함께 그 책임 여부를 묻고 반성토록 하는 내용의 '시말서'를 일방적으로 작성시킨다면 징계가 될 수 있음을 고려해야 한다.

또 해고란 최후의 수단으로 삼아야 함에도, 사업주 또는 인사팀에서 감정적인 부분이 앞서 징계 대상이 되는 비위행위의 경중을 고려치 않고 해고 카드를 만지작거리는 경우 부당해고 이슈로 발전할 수 있다. 폭행이나 성비위, 비리·횡령 등 형법상의 문제로 발전할 만한 수준이 아닌 한 1회 징계만으로 해고를 선택하는 것은 언제나 리스크가 큰 방법임을 명심해야 한다.

징계의 절차 :
사전통보 및 재심

중소규모 사업장에서 가장 쉽게 놓치는 것이 바로 이 징계의 절차적인 정당성 문제다. 절대다수의 사업장이 취업규칙조차 제대로 마련해 놓지 않았으며, 징계위원회를 구성할 규모가 되지 않아 사업주가 단독으로 징계를 진행하다 보면 특히 많이 발생한다.

가장 잦은 실수는 징계 여부를 사업주가 충분한 여유를 두지 않고 즉흥적으로 시행할 때에 발생한다. 법원은 징계 이전 어느 정도(통상 일주일)의 시간을 두고 근로자에게 징계위원회 개최 등을 통보하여 항변을 준비하는 등으로 최소한의 방어권을 행사할 수 있도록 보장하여야만 절차적 정당성을 인정하고 있기 때문이다.[56]

여기에 징계위원회 구성과 관련된 규정이 있음에도 사업주 단독으로 징계를 의결한다거나, 정족수 미충족 등 징계위원회 구성요건에 하자가 있는 경우에는 사내 법규범의 역할을 하는 취업규칙을 위반한 것으로써 징계의 정당성이 인정될 수 없다.

여기에 최근에는 많은 회사에서 재심 제도를 활용하고 있는 만큼, 근로자가 징계를 통보받은 이후 재심을 신청한다면 이를 반드시 거쳐야

....

56 대법원 1982.10.26. 선고, 82다카298 판결 등.

한다. 그리고 재심이란 기본적으로 근로자가 청구한 내용만을 기준으로 판단해야 하므로, 재심 과정에서 원심에서 다루지 않았던 비위행위를 추가하여 그 양정 등을 논한다면 그 자체로 정당성이 없다고 판단될 수 있다.[57]

정당성과 공정성을 갖춘 징계로 2차 피해 최소화해야

징계의 정당성 요건이 이처럼 까다로운 것은, 사내에서 그만큼 사용자의 징계권이 갖는 힘이 크다는 증거다. 회사는 개인정보 보호나 명예훼손 등 이슈 때문에라도 피징계자의 신원이나 구체적 비위행위를 명시하지 않지만, 이런 이슈가 완전한 사생활 문제에서 비롯된 경우가 아닌 한 "누가 뭘 잘못했대."라는 식의 소문은 금세 퍼지기 마련이다.

여기서 제대로 된 판단이 이루어지지 않는다면? 무고함에도 주홍글씨가 새겨진다거나, 거꾸로 일벌백계해야 할 사람이 솜방망이 처벌로 빠져나오는 상황이 반복된다면 직원들의 사기가 떨어지고 공정성에 대한 인식이 악화되는 최악의 결과로 귀결될 수 있다.

특히 피해자가 있는 징계 건, 이를테면 직장 내 괴롭힘이나 성희롱과

· · · · · · · · ·
57   대법원 1996.6.14. 선고, 95누6410 판결 등.

같은 이슈는 현실적인 분리조치 등을 고려하지 않은 형식적 징계만으로는 2차 가해를 방치하는 결과로 이어지곤 한다. 초범이고 경미하다는 이유만으로 감봉 조치를 했을 때, 진정으로 반성하는 가해자만큼이나 스스로의 억울함을 표출하며 사내정치로 변질시키는 가해자들도 많다는 사실을 고려해야 한다.

때문에 회사도, 피징계자도 다른 직원들도 납득 가능한 징계를 위하여 다양한 방법을 동원할 필요가 있다. 노동조합이나 사내 직원을 징계위원회 위원으로 선임하여 절차의 투명성을 높인다거나, 사건 자체를 노무사나 변호사 등 외부 법률전문가에게 맡기거나 적어도 자문위원으로 참석시킨다면 전문성 이슈에서는 자유로울 수 있을 것이다.

그러나 동시에 경미한 징계 건이라면, 회사가 징계 이후에도 지나치게 피징계자를 소외시키는 등 필요 이상의 액션을 하는 것은 금물이다. 잘못에 상응하는 벌은 징계로 이미 끝났다. 필요 이상의 색안경을 끼는 것은 해당 피징계자에게 퇴사 압박이 될 뿐만 아니라, 이를 지켜보는 조직 구성원들에게도 업무에 소극적이고 피상적으로 임하게 되는 좋지 않은 선례가 될 수 있기 때문이다.

특히 고의성이 떨어지는 업무상 과실이라면 굳이 징계로 다스리기보다는 다른 방식으로 문제를 해결하는 편이 신뢰 관계를 유지하는 데 도움이 될 수도 있다. 식당에서 직원이 설거지를 열심히 하다가 본의 아니게 그릇을 두어 개 깨뜨렸다고 하여 일일이 징계할 수 없는 것처럼,

업무상 자연스럽게 발생할 수밖에 없는 과실에 따른 손해는 일종의 '로스(Loss)율'처럼 관리하고 행위자가 지나치게 위축되지 않도록 너그러운 마음으로 지나갈 필요도 있다.

실무자 해설

회사마다 사정이 다르겠지만, 필자의 경험상 징계는 인사팀에서 자주 다루는 업무 중 하나이다. 훌륭한 성과를 보여주는 팀장급 인사들의 인사기록에도 종종 징계 기록이 있을 만큼 징계를 받는다고 해서 앞길이 막히는 것도 아니었다.

그럼에도 불구하고 징계를 받는다는 것은 굉장히 달갑지 않은 일이다. 피징계자 입장에서는 일을 열심히 하려다가 발생한 사건이거나, 회사 내 오래된 업무 관행이라 여겼던 일, 혹은 의도치 않은 일에 연루가 된 사건이기에 억울해하는 일도 흔하다. 따라서 회사는 피징계자와 직원들을 납득시킬 수 있는 징계 사유와 양정을 정하고, 징계절차 또한 준수하여야 한다.

◎ 징계 사유 ① : 회사의 경영 방침을 반영하는 도구

징계의 목적 중 하나는 직장 질서와 규율을 바로잡아 직원들이 회사의 운영 방향에 따라 행동할 수 있도록 유도하는 것이다.

근로자가 성실의무를 저버리는 행위, 폭력이나 폭언처럼 사회통념 내지는 법률상 금지되는 행위에 대해 징계하는 것은 당연하지만 업종이나 경영 방식의 변화에 따라 징계 사유와 양정에 차이가 발생할 수 있다.

업종에 따른 징계 사유는 건설, 제조업의 경우 안전 규정 위반에 대한 제재가 강화될 것이고 은행 등 금융업은 횡령이나 배임에 대한 제재가 강화될 것이다. 업종마다 회사에 치명적인 영향을 줄 수 있는 부분에 대한 징계를 강화하여 회사를 보호하기 위한 조치라고 할 수 있다.

경영 방식과 시대적 분위기도 징계 사유에 영향을 미친다. 과거에는 빠른 업무 처리와 거래 성사만이 중요 과제였으나 이제는 회사의 브랜드와 평판도 중요한 과제이기에 기존에는 용인되었던 잘못된 관행들도 징계 사유로 삼는 등 시대에 따라 변화가 일어났다.

특히 「중대재해처벌법」 시행, 「공정거래법」의 강화,[58] ESG 경영 및 컴플라이언스 강화로 인하여 업종을 불문하고 안전과 공정거래 위반과 관련된 징계가 이루어지고 있다. 이에 따라 취업규칙 불이익 변경 절차를 준수하여 징계 사유를 새로이 설정하고, 안전과 공정거래의 중요성을 인식시키기 위한 교육도 강화되었다.

특히, 징계 사유로 설정된 이유를 교육하여 회사 직원들의 인식 전환이 있어야 피징계자도 해당 규정을 위반하였을 때 자신의 행동이 징계 사유에 해당함을 충분히 납득하고 회사의 구성원들도 경각심을 가질 수 있다.

. . . .

58 한국일보, "공정거래법 강화에 '일감 몰아주기' 규제 대상 263곳→698곳으로 급증", 2022.6.5.자 기사.

따라서 징계 사유는 단순히 직원들을 징계하기 위한 명분을 확보하는 것에 그치는 것이 아니라 회사 운영의 기본적인 방향을 반영하는 것이며 징계 사유로 설정된 중요성을 인식시키기 위한 교육과 인식 전환 노력이 수반된다는 점을 기억해야 한다.

◎ 징계 사유 ② : 적용 규정 선택의 중요성

인사담당자들이 징계 이유서를 작성할 때 가장 고민되는 것 중 하나가 적용 규정을 무엇으로 정할 것인지에 대한 것이라고 생각한다. 피징계자의 잘못된 행동이 어떤 규정의 적용을 받는지에 따라 징계 양정이 달라지며 징계의 정당성에도 영향을 미치기 때문이다.

이에 피징계자의 처지에서도 납득할 수 있는 징계 사유를 명확한 규정으로 정해둘 필요가 있다. 규정과 절차가 있어야 피징계자가 비위행위에 대해 명확하게 소명할 수 있으며, 이에 따른 회사의 징계 결정에도 순응할 가능성이 커진다.

그런데 종종 여러 가지 징계 사유가 겹치거나 사실관계가 복잡한 경우 어느 규정을 적용해야 할지 문제가 될 때가 있다. 이 경우 기존 유사 사례를 참고하여 결정하는 것이 필요하다. 이는 징계 사유에 대한 명분과 정당성을 충분히 확보할 수 있으며, 향후 징계 행위에 대한 기준도 더욱 분명해지는 효과가 있다.

◎ 징계양정 : 공정성과 형평성의 원칙 준수

징계양정에 있어서 고려하여야 할 원칙 중 하나는 '형평의 원칙'이다. 기존 동일 사유로 인하여 징계를 받은 직원보다 더욱 중한 징계를 결정하는 경우 부당징계에 해당할 수 있을 것이다. 나아가 징계를 받은 직원이 조합원이라면 불이익 처우의 부당노동행위에 해당할 가능성도 있다.

따라서 기존 사례를 충분히 고려하지 않는다면, 인사위원회의 논의 과정 중 각 위원의 가치관이나 감정, 분위기에 휩쓸려 재량권을 초과한 징계양정이 결정될 수 있다. 따라서 징계를 위한 인사위원회 개최 시에 징계 규정 및 기존 직원의 징계 사례를 상세히 조사하여 징계양정을 고려할 수 있도록 준비해야 한다.

그럼에도 불구하고, 최근 기업 내 컴플라이언스의 중요성이 부각되면서 직장 내 성희롱, 직장 내 괴롭힘에 대해서는 예전보다 강화된 처벌 기준을 두고 높은 양정을 적용하는 등 단호하게 대처하는 사례가 늘어나고 있다.

이는 해당 이슈에 대해서 능동적이고 적절하게 대처하지 않으면 기업 외에서 사회적 이슈로 번질 가능성이 크기 때문이다. 설령 부당징계의 우려가 있더라도 직장 내 성희롱이나 괴롭힘에 대한 단호한 대응이 더욱 중요한 가치로 여기며, 해당 이슈에 대한 회사의 적절한 대응을 자랑스럽게 여기기는 직원도 있었다.

◎ 징계절차 : 규정 준수, 정보 보안, 감정관리

인사팀에서 수행하는 업무는 절차 준수, 정보 보안, 임직원 감정관리가 중요한데, 특히 징계절차와 관련된 업무에서는 해당 요소가 더욱 중요해진다.

일반적으로 회사에서 이루어지는 징계절차는 ①사실관계 조사 및 증거확보, ②인사위원회 개최와 징계 대상자의 참석을 위한 제반 행정 업무 ③인사위원회 개최와 징계 심의·의결 ④징계 대상자에 대한 통보와 후속 절차로 나눌 수 있다.

사실관계 조사는 인사팀이 조사하는 경우도 있으나, 회사 규모나 징계 사안에 따라 법무팀과 인사팀이 협업하여 사실관계를 조사하는 경우도 있다. 사실관계 조사가 완료되면 해당 사안에 대한 징계의결 요구 결재가 이루어지며 인사팀에서는 징계 사유와 관련 규정, 징계양정의 수준을 검토하고 인사위원회에 회부할 설명 자료를 작성한다.

동시에 인사위원회 개최 일정, 장소를 결정하고, 인사위원회 구성 및 소집 요구, 징계 대상자에 대한 출석 통지가 이루어진다. 이때 징계 사유나 인사위원회 구성 등 사안의 특성에 유의하여 진행할 필요가 있다.

인사위원회 개최 당일 징계 대상자는 대부분 심리적으로 불안, 초조한 상태이기에 징계 대상자에 대한 별도의 대기실을 마련하고, 대기실에 다과나 음료를 준비하여 안정된 상태로 인사위원회에 참여할 수 있도록 준비한다.

대기실도 업무 공간과 최대한 멀리 떨어진 곳에 배치하여 보안을 지키도록 해야 한다. 징계해고 건과 같이 특수한 경우가 아니라면, 피징계자에게 회사는 징계 이후에도 근무해야 할 직장이기에 징계 사실에 대한 비밀 보장이 필요하기 때문이다.

인사위원회는 보통 간사들이 징계 사안의 내용을 설명하고 징계 대상자의 변론을 들은 후 징계위원의 질의와 답변이 이루어진다. 징계 대상자가 조합원인 경우 노동조합 위원장이 인사위원회에 참여하여 인사위원의 질의 · 답변 시 추가 변론을 하기도 한다. 사안에 따라 종종 고성이 오가는 장면도 연출된다.

이렇게 변론 절차까지 완료되면 인사위원회의 의결 절차가 진행된다. 징계의결 과정에서 변론 시에 보여준 징계 대상자의 반성 정도, 징계나 포상 이력, 사안의 중대성 등을 고려하여 징계를 확정하며 해당 결과를 징계 대상자에게 통보하고 징계 처분을 실시한다.

◎ 징계 처분과 후속 관리 시 유의 사항

징계 처분 시 해당 직원의 문의 사항에 대해 충분한 답변을 하는 것이 중요하다. 이 정도 수준의 징계가 합당한 것인지, 향후 징계 조치는 어떻게 진행되는 것인지, 기존 직원들에게는 징계 처분이 어떻게 이루어졌는지 등 다양한 사항을 문의하는 경우가 있다.

이 경우, 피징계자 스스로가 징계 적용 방식과 그 내용에 의문이 생기지 않도록 적절한 답변을 미리 마련해 둘 필요가 있다. 사안에 대한 제대로 된 답변이 있다면, 피징계자도 징계 처분 이행이 완료될 때까지 또 다른 이의 제기를 하지 않을 것이다.

한편, 인사팀에서는 재발 방지를 위한 활동과 조치가 이루어진다. 징계라는 방법 외에도 직장 규율을 준수할 수 있도록 유도하는 다양한 활동을 수행하는 것이 인사팀의 기본적인 기능 중 하나이기 때문이다.

다만 주의할 것은, 재발 방지를 위한 활동을 수행하면서 징계 대상자의 행위를 예시로 사용하는 경우다. 이러한 과정에서 징계 대상자와 관련된 정보가 직·간접적으로 노출된다면 자칫 명예훼손 문제가 발생할 수 있기 때문이다. 따라서 회사는 피징계자의 개인정보 보안에 유의하여 업무를 수행해야 한다.

징계 대상자도 결국 회사의 직원이다. 피징계자가 징계 처분을 받은 이후 개선된 모습으로 근무할 수 있도록 돕는 것이 직원을 징계하는 일보다 더욱 중요하다고 본다. 따라서 회사는 징계 처분 이후 원활한 인사관리에 주의를 기울이는 한편, 직원도 징계 이후 이를 만회할 기회가 찾아올 수 있다는 생각을 가지고 업무에 임한다면 양자에게 발전적인 결과를 이룰 수 있을 것이다.

◎ 피징계자의 사직서 수리 거부 후 징계

종종 인사위원회를 통한 징계절차가 마무리되기 이전에 직원 스스로가 퇴사하는 상황도 발생한다. 퇴사를 받아들이는 것은 회사의 자유인 만큼, 회사에서 해당 직원의 사직을 수락하지 않고 징계 처분을 내리는 경우도 발생한다.

회사가 이러한 선택을 할 경우 피징계자와의 갈등이 커질 수밖에 없는 만큼, 추후 피징계자가 부당징계 이슈를 제기하거나 징계 대상자가 재직하면서 더 큰 문제를 일으킬 수 있는 리스크를 감수하여야 한다.

그럼에도 불구하고 이와 같은 조치를 하는 이유는, 회사의 이익을 심대하게 침해하는 비위행위를 저지른 직원이나 사회적 물의를 일으킨 직원, 직장 내 성희롱과 같이 직원들에게 큰 영향을 줄 수 있는 사건에서는 '문제 일으켜도 퇴사를 하면 그만'이라는 식의 행태를 방지하고자 직원의 사직을 수락하지 않고 징계를 결정하는 것이다.

회사가 직원들에게 해당 이슈에 대한 회사의 분명한 입장을 전달하고 재발 방지를 막는 것이 더욱 중요하다면, 사직서 거부 후 징계에 따른 징계 대상자와의 감정적 · 법률적 위험을 무릅쓰고 징계 처분을 결정하는 강수를 둘 수 있다.

특히 직장 내 성희롱 등 사회적 물의를 일으킨 이슈에 대해서는 회사의 사후 대응에 대해 재직 중인 직원, 사회적 여론과 언론, 정부 기관 등이 주목하고 있는 만큼 징계 대상자와의 문제가 발생하더라도 강하게 대응하게 된다.

결국 징계도 회사의 운영과 관련된 인사관리의 문제이다. 기업의 이미지와 같은 비재무적 지표들이 회사 이익에 큰 영향을 미치는 만큼, 회사의 인사팀은 단순히 노무 이슈에만 집중할 것이 아니라 회사 운영에 영향을 미치는 다양한 요소들을 고려하여 의사결정이 이루어져야 할 것이다.

사직서 잘 쓰는 법

올바른 퇴사 통보와 인수인계

"안녕히 계세요 여러분."이라는 대사와 함께, 애니메이션 여성 캐릭터가 하늘로 올라가면서 손을 흔들고 있는 '짤방'은 한때 인터넷 커뮤니티에서 퇴사하는 사람의 SNS 프로필 사진으로 유행을 탄 적이 있다. "이 세상의 모든 굴레와 속박을 벗어던지고 제 행복을 찾아 떠납니다."라는 대사가, 회사에서 맡은 온갖 의무에서 벗어나 자유로운 삶으로 떠나고자 하는 청년층의 공감을 얻었기 때문이다.

하지만 현실에서, 퇴사는 단순히 인사만으로 끝나는 일차원적인 문제가 아니다. 회사라는 조직에서 구성원 1인이 빠져나간다는 것은 단순히 1/n만큼의 일손이 없어진다는 것 이상의 의미를 갖기 때문이다. 업무의 흐름부터 개인이 가지고 있던 각종 노하우, 인적 네트워크의 상실 등 다양한 측면에서 문제가 될 수 있다.

이 때문일까? 노무사로서는 사업장으로부터 갑작스러운 직원의 퇴사에 대하여 '어떤 조치'를 취할 수 있는지 자문을 구하는 전화를 심심치 않게 받게 된다. 신입 직원이 갑자기 전화도 받지 않고 '잠수'를 탔다거나, 당장 "오늘까지만 일하겠다."면서 사표를 던지고 나가 업무상의 지장이 생겼다는 등의 이야기가 많다.

이에 회사도 청년 직원도, 퇴사할 때 반드시 서로에게 보여야 할 최소한의 매너를 고려하면서 이별을 준비할 필요가 있다.

퇴사 통보, 언제쯤 알려야 하나?

회사에서는 취업규칙이나 근로계약 등에 '퇴직하려는 날로부터 1개월 전에 미리 통보하고 인수인계를 철저히 해야 한다'는 문구를 들어 그보다 짧은 기간을 둔 사직서를 수리하지 않는다거나 기간을 일방적으로 늦추는 것을 고려하는 경우가 있다.

하지만 이는 반은 맞고, 반은 틀렸다. 물론 계약서 등지에 적혀 있는 위 문구 자체는 계약 당사자 간에 지켜야 할 채무의 성격을 가지지만,

그보다 먼저 적용되는 「근로기준법」상 강행규정인 '강제근로의 금지(제7조)'를 고려해야 하기 때문이다. 물론 이 규정이 적용되는 경우는 극히 예외적이겠으나[59], 「근로기준법」상 최고 수준의 벌칙[60]이 적용되는 만큼 주의할 필요는 있다.

특히나 법에서는 사용자의 일방적인 계약 해지인 '해고'에 대한 제한은 규정하고 있으나, 근로자의 일방적 계약 해지인 '사직'에 대해 제한을 두지 않는다. 현실적으로도 근로자가 이직처에의 출근일 결정 등으로 해당 기간을 지키기 어려운 경우도 많아, 퇴사 통보가 촉박하다는 그 자체만으로 위법하다거나 문제가 된다고 보기는 어렵다.

다만, 사용자는 근로자의 촉박한 퇴사로 인해 사업에 발생한 손해를 입증할 수 있다면 그에 대한 손해배상을 청구할 수 있다. 가령, 프로젝트 마감이 코앞인 상황에서 그 수행에 필수적이고 회사 내 독점적 기술을 가진 직원이 갑작스레 퇴사를 통보하면서 프로젝트가 엎어졌다면, 회사는 그로 인한 손해에 대해 직원의 과실 비율을 산정하여 민사소송을 제기할 수는 있을 것이다.

그러나 절대다수의 경우에는 '개인의 퇴사로 인한 손실'을 측정하기 어렵다. 업무가 어렵지 않아 사내 누군가가 그 일을 대신 할 수 있다면

....

59   사용자가 근로를 강제하더라도 근로자가 통보한 퇴직일을 기준으로 출근을 중단하는 등의 상황이 대다수이기 때문임.

60   5년 이하의 징역 또는 5,000만 원 이하의 벌금(법 제107조).

회사에 발생한 손실 자체가 미미할 것이며, 그것이 구성원 1인의 퇴사로 인하여 발생한 손해라는 연관성을 입증하기도 사실상 불가능하기 때문이다.

다만 도의적으로, 직원은 최소 2주 전후의 시간을 갖고 여유 있게 회사에 퇴사를 통보하는 것이 바람직하다. 회사가 대체인력을 채용하거나 그렇지 못하더라도 다른 직원에게 해당 업무를 인수인계하기까지의 시간, 급여 등 인건비를 정산하고 마련하기까지의 시간 등을 고려한다면 그보다 짧은 기간은 회사에 상당한 부담이 되기 때문이다.

┃ 사직서에 꼭 들어가야 할 내용

법상 의무는 없지만, 사직서의 핵심은 근로계약을 종료하겠다는 근로자의 의사와 그 시점이므로 서로가 오해를 갖지 않기 위해서 아래 내용을 반드시 기재할 필요가 있다.

먼저 ①'퇴직 사유'다. 물론 사유를 적지 않는다고 하여 사직의 의사표시가 무효라는 것은 아니지만, 적어도 최소한의 내용은 적어 서로의 오해를 불식시킬 필요가 있다. 구체적으로 밝히기 어렵다거나 별다른 이유가 없다면 '일신상의 이유로 인한 사직'과 같이 개인 사유임을 밝힐 필요가 있다.

다음은 ②'퇴직일'이다. 실무상 많은 질문 중 하나가 근로자의 퇴직일이 언제이냐는 것인데, 여기서 헷갈리는 것이 '근로자가 마지막으로 출근한 날'의 개념이다. 마지막 출근일까지는 근로계약의 각종 권리·의무가 유효하였던 만큼, 퇴직일은 그다음 날이 되어야 맞다. 다만 미스커뮤니케이션을 방지하기 위해서라도 '마지막 출근일'을 별도로 적시하거나 퇴직 상담 때 면담으로 확실히 적어두는 등의 조치가 필요하다.

부차적으로, ③'퇴직의 방식'이다. 실무상으로는 잘 구분되지 않지만, 적어도 법률적으로는 '사직'과 '의원면직'은 서로 다른 개념이다. 전자는 근로자의 일방적인 의사에 따른 퇴사고, 후자는 근로자가 "저 퇴사하겠습니다."라는 청약을 사용자에게 전달하고 사용자가 "네 그러시죠."라는 승낙을 하는 합의해지의 성격을 가지기 때문이다.

특히 사직과 의원면직의 구분은 향후 퇴사를 둘러싼 법적 분쟁이 있을 때 문제가 될 수 있다. 사직의 통보라면 회사의 승낙이 필요 없기에, 「민법」 제660조 제2항에 따라 동의가 없더라도 사직서 제출일로부터 1개월이 지나면 계약은 자동 종료된다. 그러나 의원면직은 회사의 승낙이 반드시 필요하므로, 승낙 없이 일방적으로 출근을 정지한다면 무단결근으로 퇴직금 산정 등에 불이익을 받을 수 있다.[61]

....
61   다만 법원은 사직과 의원면직에 대한 판결을 통해 '해약의 청약이라고 볼 만한 특별한 사정이 없는 한 계약종료의 고지, 즉 사직이다'라고 판단한 바 있음(대법원 2000.9.5. 선고, 99두8657 판결 등).

권고사직,
특히나 서로 조심해야

의원면직이 근로자가 사용자에게 퇴사해도 되는지를 묻는 개념이라면, 정확히 반대 지점에 있는 방식이 '권고사직'이다. 일방적으로 "너나가."라고 하는 해고와 달리, 권고사직은 사용자가 근로자에게 "퇴사할 생각이 있느냐."고 물어 근로자가 이를 받아들이는 방식으로 진행되기 때문이다.

권고사직의 이유는 다양하다. 회사가 경영상 어렵다거나 특정 부문을 다운사이징 하려고 '정리해고' 대신 사용하는 경우도 있고, 근로자의 비위행위나 근태 불량, 업무성적 이슈 등으로 징계 대신 선택지를 주는 경우도 드물지 않게 보인다.

다만 권고사직은 자칫 회사가 일방 해고를 한 것처럼 오해를 살 수도 있는 만큼, 반드시 사전에 이런 부분을 근로자와 충분히 협의할 필요가 있다. 퇴직에 대한 강요로 들리지 않도록 톤 조절을 충분히 하고, 직원이 회사의 제안을 충분히 고민할 시간적 여유를 주어야 한다.

당사자 쌍방이 권고사직을 하기로 동의하였다면, 반드시 서면을 작성하여 향후 이를 둘러싼 분쟁을 방지할 필요가 있다. 사직서상 퇴직의 사유에 '회사의 경영악화/기타 사유에 따른 권고사직'이라는 문구를 분명히 하여 당사자 간 합의가 있었다는 사실을 밝히고, 만일 권고사직의 대가로 일종의 퇴직위로금이 지급되는 경우 그 금원의 액수와 수령 여부를 꼭 서면으로 남겨두어야 한다.

사직서 제출 이후의 매너

회사가 사직서를 수리했다고 하더라도 근로계약이 그 시점부터 종료되는 것이 아니다. 이 시점에 특히나 급작스럽게 해이해지고 계약상의 의무를 다하지 않는 등의 이슈가 많은 만큼, 특히나 사회경험이 많지 않은 청년 직원과 그를 대하는 회사는 아래 이슈를 꼭 살펴야 한다.

우선, 퇴직일까지는 여전히 계약상의 의무가 있는 만큼 주어진 업무는 충실히 수행하여야 한다. 퇴직을 앞두고 있다는 이유로 통상적으로 행하던 업무에서 빼달라고 강요한다거나, 인수인계를 핑계로 담당 업무를 소홀히 한다면 근무태만으로 징계의 대상이 될 수 있다.

인수인계는 자신이 회사를 통해 지득(知得)한 모든 자료와 정보를 대상으로 실시해야 한다. 특히나 퇴사 이후에도 자신에게 전화가 걸려 오는 것을 원치 않는다면, 직원 스스로도 자기가 빠지더라도 업무에 차질이 없도록 충분한 시간을 들여서 성의 있는 인수인계를 하고, 필요하다면 업무 관련 매뉴얼 등을 만들어 전달할 필요도 있다.

만일 회사가 퇴사자에게 퇴사의 사유 등을 물으며 회사에서의 만족도나 개선사항 등을 듣기 위한 자리를 만든다면, 이는 철저하게 비밀이 보장된 상태에서 진행되어야 한다. 실제로 사직서 제출 당시에 별다른 사유를 밝히지 않다가, 퇴직 전 면담 자리에서 갑작스럽게 인간관계의 불화 등을 밝히는 경우가 있는 만큼 괴롭힘이나 성희롱 등 불미스러운 일이 발생하지는 않았는지 살필 필요도 있다.

만족 상태의 직원이 퇴직하는 경우는 없기에 누구나 불만이 있을진 대, 그러한 불만을 동료 직원들에게 불필요하게 퍼뜨리는 일은 직원 스스로 그 말을 책임질 수 있는지를 돌아볼 필요가 있다. 특히나 사실에 근거한 내용이 아니라 추상적인 험담에 불과하다면, 이는 나가는 마당에 '물 흐리는 미꾸라지'가 되는 만큼 이후 이직 시 평판 조회 등에서 좋은 반응을 끌어내기 어려운 계기가 될 수도 있다.

퇴직 이후, '진짜' 마무리

앞서 살펴보았듯 퇴직으로 인한 4대 보험의 상실일은 '마지막 출근일'의 다음 날이 원칙이다. 임금이나 퇴직금은 퇴직일로부터 14일 이내에 정산되어야 하나 현실적으로는 다음 임금지급일에 이루어지는 경우가 많은데 이 경우 퇴직금 지연지급에 대한 합의가 미리 있어야 한다.

다만 근로자가 단순히 "이번 주까지만 일할게요."라고 말한다면 상호 오해가 발생할 여지가 크다. 회사는 당연히 평일인 금요일까지라고 생각해 토요일자로 임금 및 4대 보험 등을 정산했는데, 근로자는 1주는 월요일부터 일요일까지니 그 주의 주휴수당을 포함하여 그다음 주 월요일부 퇴사라며 다투는 경우가 적지 않다. 따라서 반드시 퇴사 일자는 '날짜'로 받아놓거나, 적어도 '월 단위'로 하는 등 상호 오해가 없도록 할 필요가 있다.

특히 근로자가 퇴사를 앞두고 잔여 연차유급휴가를 사용하는 경우, 군대의 '말년 휴가' 같은 해당 연차휴가 기간도 여전히 해당 회사의 직원인 만큼 계약상 최소한의 의무가 발생한다는 점도 알아두어야 할 필요가 있다. 실질적 마지막 출근 이후 잔여 연차를 사용한다면, 회사는 그 잔여 연차가 끝나는 다음 날을 퇴직일로 하여 4대 보험 상실신고 등을 진행해야 할 것이다.

직원의 의무도 있다. 만일 회사의 비품 등을 받아 업무에 사용하고 있었다면 해당 비품은 적어도 퇴직일 이후에는 반납되어야 한다. 특히 외근직의 경우 법인카드나 차량 등 반환 문제가 없도록 조치할 필요가 있고, 사무직이라 할지라도 '애초에 회사에서 완전히 준 게 아니라면' 노트북 등 기자재를 반납하여야 한다.

여기에 가끔 인터넷에서 마치 자랑인 양 올라오는 "퇴사일에 업무용 PC 자료를 다 삭제하고 나왔다."는 등 회사의 기물에 구체적이고 의도적인 손해를 입히는 경우가 있는데, 이러한 행위는 명백하게 사용자의 재산을 침해하는 행위이므로 절대 삼가야 할 것이다.

실무자 해설

근로계약 종료의 유형은 크게 ①근로계약 만료, 직원의 사망, 정년의 도달, 회사의 폐업에 따른 당연퇴직 ②직원의 일방적인 근로계약 종료 통보에 따른 임의퇴직 ③회사와 직원 간 의사 합치에 따른 합의퇴직(권고사직, 명예퇴직) ④회사의 일방적인 근로관계 종료 통보인 해고(징계해고, 경영상 해고 등)로 구분할 수 있다.

이 중에서 해고 절차는 근로기준법의 강행규정으로 규율되지만, 나머지 당연퇴직, 임의퇴직, 합의퇴직은 근로기준법에 정한 바가 없다. 다만, 민법과 회사 내부 규정에 따라 관련 절차와 통보 시기, 퇴직의 효력 발생 시기가 규율될 뿐이다.

따라서 직원은 회사의 일방적인 근로관계 종료 통보에 대하여 「근로기준법」의 보호 아래 퇴직을 준비할 수 있지만, 회사는 직원으로부터 급작스러운 근로관계 통보를 받게 되어도 준비할 겨를이 없다. 단지 면담이나 느낌으로만 알 수 있을 뿐이다.

◎ 올바른 사직의 방법

모든 퇴사자가 급작스럽게 퇴사하는 것은 아니다. 회사에서 정한 규정에 따라 퇴사 통보 기간을 준수하고 사직서를 작성하며 성실히 인수인계를 완료하여 정석대로 퇴사하는 직원들이 대부분이다. 나아가 퇴사 이후에도 후임자에게 인수인계를 한 직원도 보았고, 심지어 이직한 회사에서 연차를 사용해 이전 직장에 출근하여 후임자와 함께 업무를 수행하면서 친절히 인수인계하는 직원도 보았다.

이처럼 존경심이 들 정도의 퇴사도 보았으나, 반대의 경우도 있다. 퇴사 통보 후 다음 날부터 나타나지 않는다거나, 심지어 연락 두절 이후 무단결근하여 회사를 곤란하게 하는 경우도 있다.

급작스러운 퇴사나 연락 두절 후 무단결근 퇴사의 사례는 단기 아르바이트나 일용직과 같이 일시적인 근로관계를 맺는 경우 자주 발생하는 유형이다. 그러나 요즘에는 대기업, 외국계 회사에 재직하는 정규직 직원에게도 종종 일어나곤 한다.

◎ **갑작스러운 퇴사에 대응하는 방법**

이직이 흔해진 시기인 만큼 위와 같이 갑작스러운 퇴사도 많아졌다. 특히 일시적인 근로관계를 맺는 기간제·파견직 근로자의 경우 빈도가 더욱 높다. 그래서 사직서라도 쓰고 나가면 다행이라는 생각이 들 때도 있을 정도이다.

사직 의사만 밝히고 사직 일자는 정하지 않은 채 퇴사하거나 심지어 사직 의사조차 없이 장기간 무단결근을 하는 경우 회사도 나름대로 퇴사자와의 관계를 정리하고 이른 시일 내에 업무공백을 메우는 대응 방안을 시행하고 있다.

◎ **장기 무단결근 시의 사직 처리 방법**

직원이 사직 의사만 밝히고 무단결근하는 경우 회사가 지속적으로 연락을 시도했다는 점을 남겨두는 것이 필요하다. 통화 시도도 중요하지만, 무엇보다도 카카오톡이나 문자, 이메일과 같이 회사가 직원의 사직 의사에 따른 후속 절차를 이행하기 위해 출근 독촉, 연락 시도, 물품 반납 요청을 했다는 내용이 남을 수 있도록 조치해야 할 것이다.

그럼에도 불구하고 연락이 닿지 않는다면 내용증명 서면을 발송하는 것도 필요하다. 회사가 직원에게 지속적인 접촉을 시도했다는 점과 사직 일자[62]를 명시하여 해당 일자까지 회신하지 않으면 퇴직으로 간주한다는 내용도 기재한다. 별도의 회신이 없다면 한 번 더 내용증명을 발송하여 직원의 무단결근과 연락 두절 사실을 명확히 해야 할 것이다.

만약, 해당 직원이 1년 이상 근무하였다면 퇴직금, 연차 미사용 수당 등 추가적인 금전 정산이 필요하다. 사직 일자로 기재한 날짜를 기준으로 후임자를 채용하거나 해당 직무로 임시 배치한 직원이 있는 경우, 정식적인 겸직 혹은 전환 발령을 내려 사직이 완료되었다는 요소

• • • • • • • •

62 민법 제660조 소정의 기간 내지 취업규칙에서 짧은 기간으로 규정한 때에는 그 기간(대법 1997.7.8, 96누5087), 담당자가 근로자의 사직 의사에 승낙하면서 특정 일자를 사직 일자로 명시하고 직원이 별다른 이의를 제기하지 않은 경우 그 일자(서울고법 2003.8.22., 2002누14104 참고).

를 만들어 두는 것 또한 필요하다.

◎ **평상시의 팀원 간의 유기적인 업무 공유가 필요**

평상시 급작스러운 퇴사로 인한 공백을 대비하는 인사관리 운영도 생각해 둘 필요가 있다. 우선, 평소 주기적으로 팀원 간 업무 진행 상황과 계획을 공유하는 회의 시간을 확보해 두는 것이 필요하다.

바쁜 와중에 팀 전원이 모여 업무를 공유하고 향후 계획을 논의하는 것은 마치 시간 낭비처럼 보일 수 있지만, 짧게라도 시간을 마련하여 논의하는 것은 팀원의 업무를 간접적으로나마 파악할 수 있게 한다는 점에서 필요한 시간이다.

다른 팀원의 중요 업무나 프로젝트, 이슈 사항을 사전에 파악함으로써 해당 사원이 급작스럽게 퇴사하면 남은 팀원이 업무의 우선순위에 따라 급한 일부터 처리할 수 있게 된다는 점에서 업무공백으로 인한 문제 발생을 상당 부분 예방할 수 있을 것이다.

비밀유지와
경업금지

헤어진 사이에 필요한 최소한의 매너

　근로계약은 서로에게 '비밀'을 만든다. 사용자는 계약 체결 시 받은 직원의 각종 개인정보가 담긴 서류나 그의 주소나 전화번호, 연봉정보 및 커리어 등 그 사람을 구별할 수 있는 정보를 얻고 이를 함구해야 할 의무가 있다.

　마찬가지로, 근로자 또한 회사를 통해 수많은 지식과 스킬, 인적 네트워크 그리고 각종 '영업비밀'까지도 알게 된다. 근로자는 사용자의 지시에 따라 그의 사업을 위하여 업무를 해야 하므로 이러한 생각의 공유는 당연하지만, 그만큼 근로자 또한 자신이 알게 된 회사의 각종 지식에 대해 비밀을 유지해야 할 의무를 갖게 된다.

특히나 지식산업이 발달하는 요즘, 회사의 비밀과 관련하여 발생하는 사고가 적지 않다. 비품 등 유형의 자산을 빼돌린다거나 특허권, 상표권 등을 침해한다는 대단한 사건만의 이야기가 아니다. 근로자로서는 "이것도 비밀이야?"라고 할 만한 것들이지만, 회사의 처지에서는 굳이 알려지지 않기를 바라는 것들이 외부로 흘러나가는 순간 자신의 경쟁력이 사라질 리스크가 있기 때문이다.

때문에 회사는 직원에게 회사를 통해 알게 된 비밀을 발설하지 않도록 퇴직 시에 비밀유지서약서를 받는다거나, 더 나아가 경쟁업체에 취업하지 않기로 서약을 받는 등의 조치를 취하게 된다. 과연 이러한 약속은 유효할까? 유효하다면, 직원은 어느 선까지 비밀을 유지해야 하는가?

영업비밀, 사소한 것부터 시작

대전제가 하나 있다. 회사와 근로자 간 체결한 근로계약의 본질에 근거하여, 근로자는 이른바 '성실의무'의 개념으로 주어진 근로시간 동안 업무에 성실히 임하여야 하며 그 부수적인 개념으로 회사의 이익에 반하는 행동을 해서는 안 된다. 때문에 소수 사례와 같이 별도의 비밀유지서약서를 작성하지 않는다고 하여, 영업상 알게 된 비밀을 남들에게 알릴 수 있는 권리가 있는 것은 아니다.

이는 단순히 개인 간의 의무 개념에 국한된 이야기가 아니다. 「부정경쟁방지법」에서는 영업비밀을 '공공연히 알려져 있지 아니하고 독립된 경제적 가치를 가지는 것으로서, 비밀로 관리된 생산방법, 판매방법 그 밖에 영업활동에 유용한 기술상 또는 경영상의 정보'라고 구체적으로 적시하면서 영업비밀을 부정한 수단으로 취득, 사용 또는 공개하는 행위 등을 위법하다고 적시하고 있다(법 제2조).

때문에 직원이 생각하기에는 회사 내에서 널리 모두가 이용하는 것이라서 별다른 경각심이 없는 기술이나 정보, 지식이라도 제3자가 보기에는 영업비밀에 해당하는 경우가 생길 수 있다. 특히 서비스업에서는 '고객리스트' 등의 이름으로 회원을 관리하는 경우가 있는데, 이러한 인적 명단의 일부라도 개인적인 목적으로 유용하는 경우 영업비밀의 침해에 해당할 수 있다.

물론 직원이 평소 활용하는 단순한 결재·보고용 서류나 대외적으로 제출하는 각종 서면 등까지 영업비밀이라고까지 말하기는 어렵다. 다만 이러한 서류에 적힌 내용이 공연성이나 경제성 측면에서 영업비밀에 해당할 수도 있으므로, 원칙적으로 직장 내에서 사용한 각종 서류나 자료 등은 활용하지 않는 편이 타당하다.

이 문제는 특히 코로나19 사태 이후 재택근무로 개인 PC를 이용하여 업무를 수행하기 시작하면서 더 큰 문제로 발전하고 있다. 기존에는 사내 서버, 인트라넷 등에서 폐쇄적으로 다루어져야 하는 각종 자료가 개인에게 주어지다 보니 퇴사 이후에도 관련 자료를 그대로 가지고 있게 되고, 단순 보유에서 넘어가 이를 적극적으로 이용하거나 제3자에게 제공하는 사실이 발각되며 법정 분쟁으로 이어지고 있다.

때문에 회사는 관리자 등을 통하여 애초에 불필요한 자료가 개별 직원에게까지 로우 데이터(Raw Data) 상태로 넘어가지 않도록 시스템을 구축할 필요가 있다. 예외적으로 필요한 경우 관리자 등의 승인을 얻어 실시하고 그 내용을 별도의 대장 등으로 관리하고, 주기적으로 해당 자료 반출 여부에 대하여 관리하는 것이 중요하다.

하지만 무엇보다도 직원이 퇴직 전에도 퇴직 이후에도 자신의 이익을 위해 이용하지 않으려는 의식을 가질 필요가 있다. 퇴직 시 가급적 개인 PC 등에 남아 있는 업무 자료는 삭제하여 근본적으로 악용의 여지를 없애고, 부득이하게 자료를 이용할 필요가 있는 경우 사업장에 연락하여 동의를 얻거나, 그 가치에 합당한 대가를 지불하고 사용하여야 할 것이다.

경업금지 약정은 한정적으로

더 나아가, 특허 등 기술의 특수성이 매우 중요한 산업에서는 퇴직 이후에 경쟁업체를 위해 일하거나 이에 취직하는 행위 자체를 금지하는 '경업금지 약정'을 체결하기도 한다.

여기서 다수가 헷갈리는 '겸업'과 '경업'은 철저하게 구분되는 개념이라는 점을 먼저 짚고 넘어갈 필요가 있다. 겸업(兼業)은 말 그대로 여러 가지 일을 동시에 하는 개념인 반면, 경업(競業)은 경쟁 관계에 있는 일 또는 그 일을 수행하는 것을 말한다. 전자의 경우 원칙적으로 개인 취향에 따른 '직업적 자유'의 영역이지만, 후자는 재산권 침해 등 타인의 권리를 침해할 우려 때문에 제한의 필요성이 있다.

다만 영업비밀이 뚜렷하여 경업금지의 필요성이 있더라도, 어느 상황에서나 무분별하게 인정되는 것은 아니다. 법원은 '보호할 가치 있는 사용자의 이익'이라는 개념을 들어 영업비밀보다 조금 더 넓은 범위를 보호의 대상으로 삼고 있지만, 여기에 '근로자의 불이익과의 비교'라는 기준을 추가하여 경업금지약정에 따른 불이익이 그로 인한 사용자의 권리 보호 수준을 넘어선다면 부당한 약정으로 판단하고 있다.[63]

따라서 영업비밀의 유지라는 목적 자체는 정당하더라도, 근로자에게 그 경업금지기간에 상응하는 대가로서의 위로금 기타 금품을 제공했다는 등의 상당한 조치가 이루어지지 않은 상황에서 지나치게 긴 기간을 정해 경쟁업체 취업을 금지하는 행위는 부당하다고 인정될 가능성이

....

63 경업금지약정의 유효성에 관한 판단은 보호할 가치 있는 사용자의 이익, 근로자의 퇴직 전 지위, 경업 제한의 기간·지역 및 대상 직종, 근로자에 대한 대가의 제공 유무, 근로자의 퇴직 경위, 공공의 이익 및 기타 사정 등을 종합적으로 고려하여야 하고, 여기에서 말하는 '보호할 가치 있는 사용자의 이익'이라 함은 부정경쟁방지 및 영업비밀보호에 관한 법률 제2조 제2호에 정한 '영업비밀'뿐만 아니라 그 정도에 이르지 아니하였더라도 당해 사용자만이 가지고 있는 지식 또는 정보로서 근로자와 이를 제3자에게 누설하지 않기로 약정한 것이거나 고객관계나 영업상의 신용의 유지도 이에 해당한다 할 것이다 (대법원 2010.3.11. 선고, 2009다82244 판결).

높다.[64]

특히 법원은 예전부터 영업비밀이 보호되는 시간적 범위는 해당 영업비밀이 '비밀로서의 가치'를 가지게 된 시점을 기산점으로 삼아야 한다는 입장을 고수하고 있다. 따라서 '영업비밀의 대상이 되는 기술이나 지식 등이 만들어진 시점으로부터 n년'의 기준은 유효할지라도, 이와 무관하게 일괄적으로 '퇴직 후 n년'을 설정하여 그 기간 중에 발생한 경업금지의 책임을 물을 수는 없을 것이다.

동종업계 이직, 서로 지켜야 할 것들

이러한 점이 문제가 되는 이유는, 현실적으로 이직 이후에도 사람들이 동종·유사 업계에 취직하는 경우가 많기 때문이다. 특히나 적극적 이직을 통한 전체 경력 경로를 설계하는 요즘의 청년들에게, 동종업계 이직은 선택이 아닌 필수가 된 지 오래며 그에 따라 다양한 사업장을 옮겨 다니는 경우가 많아 주의가 더욱 필요하다.

물론 근속연수가 낮은 직원들이 접근할 수 있는 영업비밀에는 한계가 있다. 회사도 바보가 아니라서, 특히나 이직이 잦은 저연차 직원들

....
64 대법원 1998.2.13. 선고, 97다24528 판결 등.

에게는 철저한 보안을 통해 필요 이상의 정보를 주지 않으려는 삭막한 사회다. 하지만 법상 영업비밀의 수준에 이르지 않더라도, 위 대법원의 기준처럼 회사의 권리와 이익을 침해하는 행위가 넓게 인정된다는 점에서 각별한 관심이 필요하다.

때문에 이직 시 직원은 단순히 스스로 체득한 무형의 지식이나 각종 노하우의 활용을 넘어, 전 직장에서의 자료를 현 직장에 필요 이상으로 적극적으로 전달하는 등의 행위는 삼가야 할 것이다. 그런 행동을 한다고 회사가 감지덕지할지, 아니면 "전 회사 자료를 이렇게 쉽게 주는데, 우리 회사 자료도 나중에 이직하면 남들에게 주겠네?"라고 오해를 사게 될지를 생각해 볼 필요가 있다.

나아가 회사 또한 '반칙'으로 타인의 소중한 영업지식을 습득하려는 시도를 자제하여야 할 것이다. 특히나 헤드헌터 등 경력직 채용 위주의 인력시장에서, 경쟁업체의 '에이스 직원'을 사이닝 보너스(Signing Bonus)를 주고서라도 데려와 상대방의 기술이나 지식을 일시에 얻어내려는 무리한 행동에서부터 영업비밀 침해 이슈가 생겨난다는 점을 고려해야 한다.

지난 2023년 6월 25일, 서울중앙지법에서는 삼성전자 소속에서 미국 마이크론사로 이직한 연구원에 대한 '전직금지 가처분 신청'을 받아들이며 퇴사 후 2년 동안 경쟁업체에 취업하지 않겠다는 서약서의 효력을 받아들이는 판단을 내리기도 했다.[65] 이처럼 기업의 영업비밀 이슈가 첨예해지는 만큼, 회사도 직원도 서로의 안녕에 위해를 가할 수 있는 '반칙'을 범하지 않도록 주의하여야 할 것이다.

65 SBS, "[단독] 삼성 반도체 핵심 직원 2년 이직 금지 조치 정당", 2023.6.25.자 보도.

실무자 해설

회사는 영업비밀은 물론 사소한 자료 하나도 경쟁사에 흘러가지 않도록 관리하고자 노력한다. 회사의 업무 노하우가 '보호할 가치 있는 사용자의 이익'에 이르지 아니하는 수준이어도 그것이 경쟁사의 영업에 도움이 되는 것 자체가 회사에게는 손실이기 때문이다.

이에 대다수 회사에서는 입·퇴사 서류로 각각 정보보호서약서와 경업금지약정서를 제출하게 되어 있다. 판례의 입장이 어떻든지 간에 최소한 직원에게 회사의 정보를 보호하여야 한다는 경각심을 일깨우도록 해야 하기 때문이다. 회사의 정보를 유출하는 경우 사안에 따라 징계할 수 있도록 규정되어 있는 것은 물론이다.

회사가 이와 같은 조치를 취하는 이유는 직원에게 영업 노하우를 전수함으로써 직원의 업무 역량을 향상시키며, 이를 통해 회사의 경쟁력이 강화되지만, 동시에 업무 지식을 습득한 직원이 경쟁사에 입사하면 회사가 전수한 영업 노하우가 부메랑이 되어 회사 이익에 타격을 줄 수 있기 때문이다.

◎ 퇴직의 유형과 경업금지약정

현실적으로, 회사가 퇴직자 전수를 대상으로 경쟁사에 이직했는지를 조사하여 약정 위반 여부를 따지기는 어렵다. 때문에 특정한 분야나 업무 등을 정해두고 더욱 강력하게 모니터링 하는 전략을 취하곤 한다.

핵심 기술의 유출 여부에 따라 경업금지약정 위반에 따른 민형사상 책임을 묻는 것은 지극히 당연한 경우이지만, 종종 영업 기밀 여부보다 회사의 인사관리 차원에서 경업금지약정 위반의 책임을 강하게 묻기도 하는데, 특히 '희망퇴직'으로 퇴사한 직원에 대해 강력히 대처한다.

희망퇴직이란 정년에 이르지 아니한 직원에게 일정한 퇴직위로금을 추가 지급하면서 근로관계를 종료하는 것으로 회사의 경영난, 사업구조 개선 등에 의해 직원과 원만한 합의 속에 근로관계를 종료하려는 목적이다.

회사가 퇴직위로금을 지급하는 이유는 이름 그대로 '위로'의 목적이지 퇴사하는 직원에게 목돈을 쥐여주려는 목적이 아니다. 따라서 퇴직위로금을 받고 퇴사한 이후 동종업계 경쟁사로 이직하거나 경쟁 사업체를 설립하게 된다면, 퇴직위로금을 회수하는 것은 물론 민·형사상 책임도 강하게 묻는다.

회사는 단순히 영업 기밀만으로 경쟁력을 유지·강화하지 않는다. 희망퇴직의 사례와 같이 회사의 인사관리 방식, 업계 내의 이미지 등 종합적인 요소들이 기업의 경쟁력을 형성한다. 그러므로 경업금지약정의 적용 상황은 다양한 상황들을 고려하여 우선순위를 정해야 할 것이며, 그에 따른 적절한 조치가 이어진다면 회사의 '보호할 가치 있는 이익'을 실질적으로 보호할 수 있을 것이다.

한편, 직원은 퇴사한 이후에도 경업금지약정을 준수하여 영업비밀을 누설하지 않도록 해야 할 뿐 아니라, '희망퇴직' 사례와 같이 영업비밀 외에도 다양한 부분을 고려하여 퇴사 후의 매너를 지킬 수 있어야 할 것이다.

실업급여

공적 복지, 악용하면 서로 다친다

국가의 책무 중 하나는 국민이 인간으로서의 최소 존엄성을 가지고 생활할 수 있도록 사회보장의 그물망을 펼치는 데 있다. 애초에 이 책에서 다루는 「근로기준법」을 위시한 각종 노동관계법령 또한, 노동의 대가인 임금 그 밖에 필수적인 근로조건에 최하 수준을 지정하여 생계상의 문제가 발생하지 않도록 조치하는 데 있다.

여기서 조금 더 나아가, 일자리와 사람의 미스매칭(Mismatching)이 심각한 현대 사회에서는 높아지는 실업률에 따른 부작용을 관리할 필요성도 있다. 당장 실업 중인 국민이 생계를 잇지 못해 발생하는 사회적인 문제부터 그로 인한 사회 전체의 구매력 하락은 물론이고, 산업계의 입장에서도 어렵게 채용해 두니 일찍 떠나가 버려 발생하는 직·간접적 손해를 간과할 수 없게 되기 때문이다.

이에 실업급여[66]는 일하는 국민이 비자발적인 이유로 일시적인 실업 상태에 놓였음을 가정하여, 그가 새로운 직장을 찾을 때까지 최소한의 생계를 유지할 수 있는 최소한의 생계비를 지원하는 것을 목적으로 지급되고 있다. 특히나 계약직 채용 등으로 이직이 잦은 청년들은 살면서 한 번쯤 실업급여를 받게 되는 경우가 많은데, 실제로도 그들의 생계에 큰 버팀목 역할을 하고 있음을 부인할 수는 없다.

하지만 제도의 취지와는 달리, 우리 사회에서 실업급여는 '쉬는 동안 받는 돈'이라는 개념으로 정착한 지 오래다. 실업 기간 중 구직을 위한 각종 노력 여하를 구체적으로 검증하는 데 법적으로도 실무적으로도 한계가 있는 만큼, 형식적인 구인만을 계속하면서 쉬는 기간의 보너스로 인식하는 사람들이 정말 많다.

이에 정부는 최근 실업급여 하한액 조정 내지 폐지를 포함한 전반적인 제도 변화를 검토하고 있다. 그 연속 선상에서 지난 2023년 7월 12일 '실업급여 제도개선 공청회'가 열린 가운데, 고용센터 담당자의 '샤넬 실업급여' 발언이 논란이 되기도 했다. '복지 남발 자제'와 '실업자 생계 보호'라는 상반되는 여론이 충돌하면서, 앞으로도 관련된 이슈가

· · · · · · · · ·

66 「고용보험법」은 개정을 통해 '구직급여'라는 용어를 사용하고 있으나, 본서에서는 법 제정 당시부터 실무적으로 사용되어 온 '실업급여'로 통일함.

계속될 것으로 보인다.

때문에 이 책의 마지막에서는, 청년이 새로운 이직처를 준비하며 한숨 돌리는 기간에 받는 실업급여와 관련된 이슈를 다루며 전체 논의를 마무리하고자 한다.

'비자발적 실업'의 조건

실업급여의 기준이나 조건, 액수 등을 일일이 설명하기에는 지면도 부족할뿐더러, 인터넷에서도 쉽게 정보를 획득할 수 있는 만큼 구체적인 설명은 생략하고자 한다. 다만 실업급여의 핵심이자 취지를 모두 아우르는 한 가지 개념은 짚고 넘어갈 필요가 있다. 바로 '비자발적으로 실업 상태에 놓인 경우'여야 한다는 점이다.

고용보험에서 실업 상태의 모든 근로자에게 실업급여를 주는 것은 아니다. 일례로, 필자의 경우 2013년부터 「청년기본법」상 청년의 마지막 해인 올해까지 햇수로 11년을 일하며 네 개의 사업장을 거쳐 갔지만, 실업급여는 단 한 차례도 받지 못했다. 대다수가 '자발적 퇴사'였으며, 딱 한 번 있었던 계약만료 사유에 따른 퇴사 당시에는 학교에 복학해야 했기에 수급자격이 없었다.

이처럼 실업급여는 계속근로에 대한 의지와 능력이 있음에도 불구하고, 자신의 탓이 아니라 사업장 기타 상황적인 이유로 실업의 상태에 놓이게 된 사람에게만 주어지는 일종의 '재활' 목적으로 지급되는 일시적인 급여다. 물론 자진 퇴사를 했더라도 수급자격이 인정되는 예외적인 경우가 있으나 이는 말 그대로 '예외'일 뿐, 구체적 사유를 살펴보면 정상적 근로가 불가하여 자발적으로 회사를 나온 경우다.

여기서 '의지'와 '능력'은 'and 조건'이다. 때문에 개인적 질병이나 사고로 몸이 아파서 회사를 그만둔 경우, 근로를 다시 할 수 있는 몸 상태가 될 때까지는 실업 상태더라도 실업급여를 수급할 수가 없다. 거꾸로, 몸과 마음이 멀쩡하더라도 다시 취업할 생각이 없는 사람들은 원칙적으로는 실업급여의 수급대상이 아니다.

이런 점을 악용하고자, 가끔 퇴사를 앞둔 근로자가 "실업급여를 받을 수 있게 해달라."고 요청하는 경우가 있는데 이는 엄연한 위법이다. 실업급여 부정수급은 그 자체만으로도 5년 이하의 징역 또는 5,000만 원 이하의 벌금이라는 어마어마한 처벌 대상이 되며, 그와 별개로 부정취득한 실업급여액 반환 및 최대 5배 수준의 징수가 이루어지는 만큼 요청도, 그에 응하는 행위도 절대 삼가야 한다.

고용보험 상실신고 및
이직확인서 제출

실업급여는 '신청'에 따라 이루어지므로, 퇴직 이후 개인이 직접 관할 지역의 고용복지플러스센터에 방문(또는 인터넷 접수)하여 구직급여 신청을 진행해야 한다.

하지만 그 전에 회사에서 반드시 마무리해야 할 일이 있다. 센터에서 해당 신청자가 어떤 이유로 퇴직했는지, 언제부터 어느 날까지 어느 수준의 급여를 받으며 일했는지 알 수 없기에 사업장에서 이를 알려주는 최소한의 절차가 필요하다.

이는 회사에서 '4대 보험 상실신고'라는 이름으로 진행하는 절차에 포함된다. 회사는 통상 퇴사일이 속한 다음 달 15일까지 고용 · 산재 · 건강 및 연금 상실신고를 진행하게 되는데, 여기에는 입 · 퇴사일(보험 기준으로는 취득 · 상실일)과 그 기간 중의 총 급여액이 포함된다.

추가로, 고용보험 상실신고에는 '상실 사유 코드'를 입력하도록 하여 퇴직자가 실업급여 수급대상이 되는지를 일괄 관리할 수 있게 조치하고 있다. 이에 경영상 권고사직(23번)과 같은 대표적인 실업급여 수급자격을 갖는 코드가 입력되었다면, 구체적인 증명 서류 없이도 일괄적이고 신속한 처리가 가능하게 되었다.

관련하여 상실신고 당시에 상실 코드를 잘못 입력한 경우, 근로자 스스로가 사업장에 정정신고를 요청할 수 있으나 사업주가 이에 대한 지식이 낮거나 처리 방법을 모르는 경우도 있다. 이 경우 관할 노동청이나 센터 담당자 등에게 문의하여 팩스 등으로 실업급여를 받기 위한 추가적인 조치가 필요하다.

여기에 보통의 퇴사와 달리, 실업급여 수급자의 경우 '이직확인서 제출'이라는 한 가지 과정이 더 필요하다. 여기에는 실업급여 액수를 결정하기 위한 '최종 3개월간 급여 액수'를 정확하게 기재하고, 일 소정근로시간이나 고용보험 가입 기간 등이 포함되어 실업급여의 지급 기간 및 액수를 결정하는 직접적인 근거가 된다.

또 이직확인서는 회사가 개인에게 직접 발급해 주는 개념이 아니라, 회사가 관할청에 직접 제출·신고하는 방식이다. 따라서 실업급여를 받으려는 사람은 회사에 이직확인서 발급을 요청하고, 이에 응답이 없다면 근로복지공단을 통해 실업급여 이직확인서 발급을 공식적으로 요청할 수 있다. 회사는 요청일로부터 10일 이내에 이를 발급해야 하며 위반 시 과태료 부과 대상이 된다.[67]

. . . .

67 근로자는 이와 별개로 고용보험 피보험자격확인청구서와 함께 근로계약서, 급여명세서 등을 증빙하여 우회적으로 신청할 수도 있음.

빠른 취직으로
조기재취업수당 수령 가능

여기에 많은 청년들이 취업 전까지 받는 실업급여에만 관심이 있을 뿐, 그 기간 중 취업한 경우에 지급되는 '조기재취업수당'은 잘 모르는 경우가 많은데 이를 잘 활용하면 금전적으로도 이득이 될 수 있다.

조기재취업수당은 실업급여 수급자가 그 소정급여일수, 쉽게 말해 실업급여를 받게 되는 전체 일수의 절반 이상이 남은 상태에서 이른 재취업을 했을 때 남은 기간 받을 수 있는 금액의 1/2만큼을 지급하는 제도다. 이는 재취업의 촉진이라는 고용보험 및 실업급여 제도의 취지를 극대화하기 위한 실업급여의 일환이다.

일례로, 수급일이 150일인 사람이 수급일 기준 60일이 되는 날에 타 직장에 취직했다면 남은 90일만큼의 실업급여는 받을 수가 없다. 대신, 취업의 노력을 게을리하지 않고 계속 구직하여 성공한 사람에 대하여, 그 사람이 12개월 이상 계속하여 일한 경우[68] 사후에 고용 유지에 대한 '격려금' 내지 보너스로 일정액의 수당이 지급되는 것이다.

일하는 청년에게 이 제도는 커리어의 단절을 막고 조기 재취업에 성공해야 할 하나의 동기부여를 추가해 준다. 부득이한 퇴사 이후 공백이

---

68 여기에는 이직처에서 계속 근무한 경우뿐만 아니라, 다른 직장으로 이직하더라도 기간의 단절 없이 12
개월 이상인 경우도 포함.

길어지면 전체 경력 관리 차원에서도 좋지 않을뿐더러, '기회비용'으로 저울질할 수밖에 없는 실업급여 수급액과 비교하더라도 일부를 받을 수 있다는 점이 매력적이기 때문이다.

이에 정부도 구직 활성화 및 장기근속 유도라는 차원에서 지난 2019년 기존보다 잔여일수 요건을 완화한 이래 계속하여 개선책을 찾고 있는 만큼, 사회와 경제의 건전한 논의라는 차원에서 일하는 청년들이 적극적인 구직의 보너스를 잊지 않고 챙겨갈 수 있길 바란다.

계약직 남발 자제하여 안정적 노동시장 구축해야

이와 함께, 많은 사례에서 실업급여 수급요건의 요인이 되는 계약직, 즉 '기간제 근로계약'에 대한 사회와 사업주의 인식 개선도 필요하다.

사업장에서 기간제로 계약을 하는 이유는 간단하다. 계속근로에 따른 퇴직금 등 각종 인건비의 부담이 첫 번째고, 계약만료 방식을 통한 인력 규모 유연화가 두 번째다. 전자는 소위 '11개월 계약'으로 법정 퇴직금을 주지 않기 위한 방식으로, 후자는 계절적·일시적 인력공급 목적 외에도 사실상 '해고'의 대안으로도 널리 이용되고 있다.

여기서 특히 전자의 경우 사업주는 퇴직금 지급을 하지 않는 대신 근로자에게 "11개월 일하고 나면 계약만료로 실업급여를 신청할 수 있다."며 '당근'을 내민다는 점에서 편법성이 다분하다. 계속근로를 장려하는 실업급여 제도의 취지에도 맞지 않을뿐더러, 가뜩이나 재원 마련에 어려움이 많은 상황에서 기업이 부담해야 할 인건비를 공적 보험제도에 떠넘기는 꼴이 되기 때문이다.

따라서 사업장에서는 위와 같은 편법적 기간제 계약은 삼갈 필요가 있다. 단기의 기간제 근로계약은 프로젝트 수행 등 인력이 특정 시점에 필요하다거나, 업무가 대단히 정형화되고 단순하여 최소한의 인건비로 효율성을 추구하려는 본래의 취지에 국한하여 체결하고 그 대상을 최소화하는 것이 바람직하다.

이런 방식으로 정말 필요한 사람들에 한하여 실업급여가 제대로 지급될 수 있는 사회적 토양을 만든다면, 작금의 실업급여를 둘러싼 일부 구직자의 도덕적 해이 등의 이슈도 원천적으로 차단될 수 있을 것이다. 동시에, 오랜 기간 로열티를 가지고 일하는 근속자들이 느끼는 상대적 박탈감을 덜어 우리 사회 청년들이 연속적이고 생산적인 노동으로 나아가는 밑거름이 될 수 있으리라 기대한다.

실무자 해설

◎ **회사와 직원의 실업급여에 대한 인식 개선 필요**

실업급여는 회사에서 지급하는 금품이 아님에도 불구하고 근로관계 종료 시 서로에게 일종의 협상 카드로 활용되곤 한다. 심지어 퇴사자 중 일부는 회사가 자신에게 불이익을 주고자 실업급여를 받지 못하게 했다고 오해하기도 한다.

그러나 이는 그야말로 '오해'에 불과하며, 고용보험 상실 사유를 허위로 기재하여 퇴사자에게 실업급여를 수급할 수 있도록 조치하는 것은 명백한 위법이며 처벌 대상이다.

고용노동부에서도 실업급여 수급자의 수가 증가함에 따라 부정수급에 대한 모니터링을 강화하고 있다는 점에서,[69] 회사도 직원도 실업급여가 퇴직에 따른 협상 카드라는 인식을 완전히 버릴 필요가 있다.

---

69 고용노동부, "실업급여 특별점검으로 부정수급자 606명 적발", 2023.2.22.자 보도자료, "고용행정 통계로 본 2023년 5월 노동시장 동향", 2023.6.12.자 보도자료.

◎ 퇴사하는 직원에 대한 상세한 설명이 필요

요즘은 인터넷에서 실업급여 수급 자격과 사유에 대한 정보를 쉽게 구할 수 있어 퇴사를 앞둔 직원들이 자신의 수급 여부를 잘 알고 있는 경우가 많다.

그러나 고용보험법에 규정된 내용이 실제로 직원 본인에게 적용되는지는 퇴직과 관련된 사실관계나 회사 규정, 근무 내역 등 구체적인 사안에 따라 달라질 수 있다. 따라서 퇴사를 앞둔 직원이 회사에 실업급여 수급자격 여부를 문의하는 경우, 인사팀에서는 이에 대해 명확한 설명을 할 수 있도록 준비해야 한다.

예를 들어, 실업급여 수급자격은 고용보험법상 '피보험단위기간'이 180일 이상이 되어야만 한다. 다만 재직 기간 중 무급기간(무급휴무일, 무급휴직일 등)이 있는 경우에는 피보험단위기간에서 제외된다.[70] 이에 따라 근태 일수가 같더라도 회사의 무급휴무일 여부와 횟수, 병가 제도의 유급 여부 등 운영 방식에 따라 피보험단위기간이 180일 이상인지 이하인지가 달라질 수 있는 만큼 제대로 된 산정이 요구된다.

특히나 요즘 퇴사하려는 직원 대다수가 인터넷을 통해 이미 「고용보험법」상의 기본적인 내용을 검색했거나, 공단에 문의한 이후 회사에 실업급여 수급자격에 대해 문의하기 때문에 인사팀 직원은 회사 내부 규정 전반을 고려하여 설명할 수 있도록 준비해야 할 것이다.

. . . .

70   고용보험법 제40조 제1항 제1호 및 동법 제41조 제1항.

◎ 이직확인서 발급은 신속하게

퇴사자는 실업 기간 중 일정한 소득 없이 생계를 이어가야 하는 불안정한 상황에 놓이기에 실업급여 신청은 퇴사자 개인에게 상당히 중요하고 급박한 일이다. 그래서 퇴직자는 최대한 빠른 시일 내에 구직등록확인증을 신속히 발급받아 고용센터에 찾아간다.

그런데 문제는, 회사의 상실신고와 이직확인서 발급이 완료되어야 실업급여 수급이 가능하기에, 퇴사자가 부지런히 준비하여 실업급여 신청을 하였다고 해도 회사가 절차를 완료하지 않으면 기다리고 있을 수밖에 없다.

물론, 퇴사와 동시에 상실신고와 이직확인서 발급이 완료된다면 회사와 퇴사자 모두에게 더할 나위 없이 좋은 결과이지만, 보통은 상실신고와 이직확인서 발급이 즉각 이루어지지 않는다. 급여담당자는 4대 보험 업무와 이직확인서 업무만 다루는 것이 아니라 급여, 휴가·휴직, 근태관리 등 다양한 업무를 다루고 있으며 특히, 연말에는 기간제 근로계약이 만료되는 직원들이 많기에 이직확인서 발급 시간이 더욱 지체되는 경우가 많다.

그러다 보니 회사의 처리 절차가 늦어질수록 퇴사자의 마음이 다급해져서 회사로 전화해 강력히 항의하여 회사와 퇴사자 간 감정적 다툼이 일어나기도 한다. 이는 퇴사자가 회사의 업무 체계를 이해하지 못하고 단순히 회사가 귀찮아서 일 처리를 하지 않는다고 오해하기 때문이며, 반대로 회사는 퇴사자 한 명 한 명의 다급한 마음보다 본인의 바쁜 업무에만 몰두해 있기 때문에 일어나는 현상이라고 본다.

따라서, 퇴사자는 회사가 늑장을 부리고 있다는 오해로 감정적인 대응을 하지 않아야 한다. 회사도 나름대로 빠르게 처리하기 위해 애쓰고 있다는 것을 전제로 차분하게 진행 상황을 문의해야 한다.

회사는 끝까지 친절함을 잃지 않고 퇴사자의 다급한 마음을 이해하는 마음으로 퇴사자의 문의에 응대해야 한다. 그리고 최대한 신속하게 상실신고와 이직확인서 발급 절차를 마무리할 수 있도록 노력해야 할 것이다.

추천사

이동수 청년정치크루 대표·칼럼니스트

··

월급 10만 원. 지금이라면 상상할 수 없는 노동 착취가 한국 사회에 만연했던 게 불과 몇 년 전이다. '열정을 발산할 기회를 줄 테니 돈은 적게 받고 일하라'는 의미의 열정페이가 당연한 것으로 여겨지던 시절이었다. 그때만 해도 대가를 바라지 않는 열정이 바람직한 청년의 상(像)처럼 인식되었다.

이를 두고 "나 때는 말이야."라고 생각하시면 곤란하다. 지금 청년들이 놓인 상황은 그때와 엄연히 다르다. 회사에 인생을 바친다고 그 회사가 정년까지 나를 지켜줄 거란 보장은 없다. 설령 정년까지 무사히 다닐 수 있다고 한들 그 월급만 모아서 수도권에 집 한 채 마련하는 건 사실상 불가능하다. 회사라는 공간이 주는 권위, 월급이라는 보상이 주는 효용이 말도 안 되게 줄어든 것이다. 열정을 바쳤는데 돌아온 건 아무것도 없더라는 허탈감은 분노로 바뀌었다. 2015년 한국 사회를 휩쓴 '헬조선' 담론도 결국 노동 문제에서 비롯된 셈이다.

결국은 제도다. 국회에서 일을 시작하고 청년정치크루를 결성하여 정책을 통해 일상을 좀 더 나은 것으로 바꿔보자는 생각을 갖게 된 것도 그 제도가 갖는 힘을 느꼈기 때문이었다. 그러나 제도라는 건 이를 생업으로 다루지 않는 이들에게는 너무 복잡하고 어려운 게 사실이다. 단순히 법 조항만 읽는다고 되는 게 아니라 그것을 둘러싼 맥락과 배경을 이해해야 하기 때문이다. 그래서 우리는 많은 비용을 지불하고 그 제도에 능통한 전문가들을 찾는다.

         청년노동 가이드북 : 입직부터 퇴직까지 핵심 18 steps

하지만 대다수 일반인에게, 특히 청년들에게 전문직은 늘 어렵고 먼 존재다. 만만치 않은 비용부터가 문제다. 별것 아닌 것 같은데 괜히 전문직을 찾으면 많은 돈을 쓸 것만 같다. 그렇다고 혼자 인터넷으로 찾아보기엔 너무 막막하다.

"나도 노무사 친구가 있었으면 좋겠다."라는 생각이 들 때, 이 책은 좋은 친구가 될 수 있다. '슈퍼 을(乙)'일 수밖에 없는 구직자 때부터 회사에서 잘려 실업급여를 고민하게 되는 순간까지 직장생활의 모든 과정에서 필요한 노무 지식을 제공해 주기 때문이다.

이제 개인이 회사와 '믿음으로 가는' 시대는 지났다. 좋은 게 좋은 건 없다. 철저한 계약에 기초한 기브 앤 테이크(Give and Take)가 기본인 시대. 그 계약에 관해 종합적인 지식을 얻고 싶은 분들에게 이 책을 추천한다.

김유미 공인노무사·프라임법학원 강사

· ·

노동시장으로의 진입(채용)부터 재직, 퇴직까지 일련의 과정에서 놓치지 말아야 할 핵심 Check List로 활용할 수 있는 이 책은 학문을 통해 세상을 배우는 시기를 벗어나 사회로 첫발을 내딛는 혹은 그 준비를 하는 많은 청춘에게 가이드북으로서의 역할을 톡톡히 할 것이라 믿습니다.

한때 대학원 동문이었고 제자였으며, 지금은 후배 노무사인 저자 이성민 노무사가 누구나 관심은 있지만 아직은 깊이와 체계가 부족한 '일하는 청년의 건강한 노동'에 가이드라인을 제공해 주고자 정성을 다했다는 것을 느꼈습니다.

우리 모두에게 '노동'이란 생계의 수단이자 삶의 원동력으로, 인생은 그에 대한 가치, 보람 그리고 고됨에 대한 인식의 점철(點綴)사라 할 수 있겠습니다.

그 어느 때보다 치열한 경쟁을 견뎌야 하는 우리 시대 청년들은 저마다 추구하는 비전과 가치 그리고 종사하고자 하는 분야는 다르겠지만, 노동은 모두에게 숙명적이고 필수적일 것입니다.

노동에 대한 접근은 무조건적인 사회에 대한 기여가 되어서는 안 될 것입니다. 권리와 기여가 균형을 맞춰야 건강한 노동시장을 만들 수 있고 그 안에서 개인의 행복을 추구할 수 있을 것입니다. 또한 권리는 법·제도·절차·트렌드 등에 대한 지식과 이해가 바탕이 되어야 할 것입니다. 이러한 측면에서 이 책은 노동시장에서 청년의 권리와 기여에 대해 이해할 수 있는 기본 지침서 역할을 할 수 있을 것이라 생각합니다.

신림동 수험가에서 공인노무사 인사노무관리론과 경영조직론을 강의하고 있는 본인은 스스로 미래를 개척하기 위해 고군분투하는 수많은 젊은 수험생의 꿈과 희망을 응원해 왔는데, 이성민 노무사는 다른 방법으로 청년의 미래를 응원하고 있다는 것을 느낍니다.

아무쪼록 이 책이 학교, 기관, 업체, 개인 등 다양한 장소에서 다양한 방법으로 출판의 취지에 맞는 역할을 다해 건강하고 튼튼한 노동시장 형성에 기여하기를 기원하고, 이를 기회로 '일하는 청년의 건강한 노동'에 대한 사회적 관심이 더 커지기를 기원합니다.

청년노동
가이드북

입직부터 퇴직까지
핵심 18 steps

초판 1쇄 발행 2023. 8. 30.

지은이 박한울, 이성민
펴낸이 김병호
펴낸곳 주식회사 바른북스

편집진행 황금주
디자인 최유리

등록 2019년 4월 3일 제2019-000040호
주소 서울시 성동구 연무장5길 9-16, 301호 (성수동2가, 블루스톤타워)
대표전화 070-7857-9719 | **경영지원** 02-3409-9719 | **팩스** 070-7610-9820

•바른북스는 여러분의 다양한 아이디어와 원고 투고를 설레는 마음으로 기다리고 있습니다.
이메일 barunbooks21@naver.com | **원고투고** barunbooks21@naver.com
홈페이지 www.barunbooks.com | **공식 블로그** blog.naver.com/barunbooks7
공식 포스트 post.naver.com/barunbooks7 | **페이스북** facebook.com/barunbooks7

ⓒ 박한울, 이성민, 2023
ISBN 979-11-93341-07-0 93360